# LOS AÑOS DE ALLENDE

## NOVELA GRÁFICA

# LOS AÑOS DE ALLENDE

## CARLOS REYES
## RODRIGO ELGUETA

### NOVELA GRÁFICA

FONDO DE CULTURA ECONÓMICA

A Carlos, mi padre, un obrero analfabeto que me llenó de libros e historietas. A Olga, mi madre, que cuando era un niño me leyó pacientemente todo lo que le pedí. A Vicente y Melina, mi grupo de afectuosa contención. Agradezco a Rafael López Giral, Marcelo Mellado, Manuel Vicuña, Mauricio García, Gonzalo Martínez, Claudio Aguilera, al Museo de la Memoria y los Derechos Humanos (especialmente a Walter Roblero) y por sobre todo al talento de Rodrigo Elgueta.

A todos quienes vivieron de cerca los años de Allende.

CARLOS REYES

A mi familia y amigos.

Por su apoyo, confianza y paciencia, porque dibujar cómic es un arte demandante y solitario, pero que me hace feliz. Dedico especialmente esta obra a toda esa generación soñadora y dueña de su propio destino que imaginó un Chile unido.

RODRIGO ELGUETA

Primera edición, 2020

---

Reyes, Carlos
    Los años de Allende / Carlos Reyes ; ilus.
    de Rodrigo Elgueta. – México : FCE, 2020
    124 p. : ilus. ; 30 x 23 cm – (Colec. Popular Cómic)
    ISBN: 978-607-16-7002-1

    1. Chile [Presidentes] Salvador Allende 2. Chile – Política y gobierno –
1970-1973 3. Novela gráfica 4. Novela chilena 5. Literatura chilena – Siglo XX.
6. Historia – Chile – Siglo XX 7. Tiras cómicas, historietas. I. Elgueta, Rodrigo,
il. II. Ser. III. t.

LC F3100R49                                          Dewey Ch863 R579a

---

*Distribución en México y América Latina, excepto Chile*

D. R. © 2020, Fondo de Cultura Económica
Carretera Picacho-Ajusco, 227; 14738 Ciudad de México
www.fondodeculturaeconomica.com
Comentarios: editorial@fondodeculturaeconomica.com
Tel.: 55-5227-4672

Imagen de portada: Rodrigo Elgueta

ISBN 978-607-16-7002-1

Impreso en México • *Printed in Mexico*

1973
"Siempre nos queda la posibilidad
de que mientras otros escriban la historia
nosotros hagamos la historieta."
Juan Sasturain

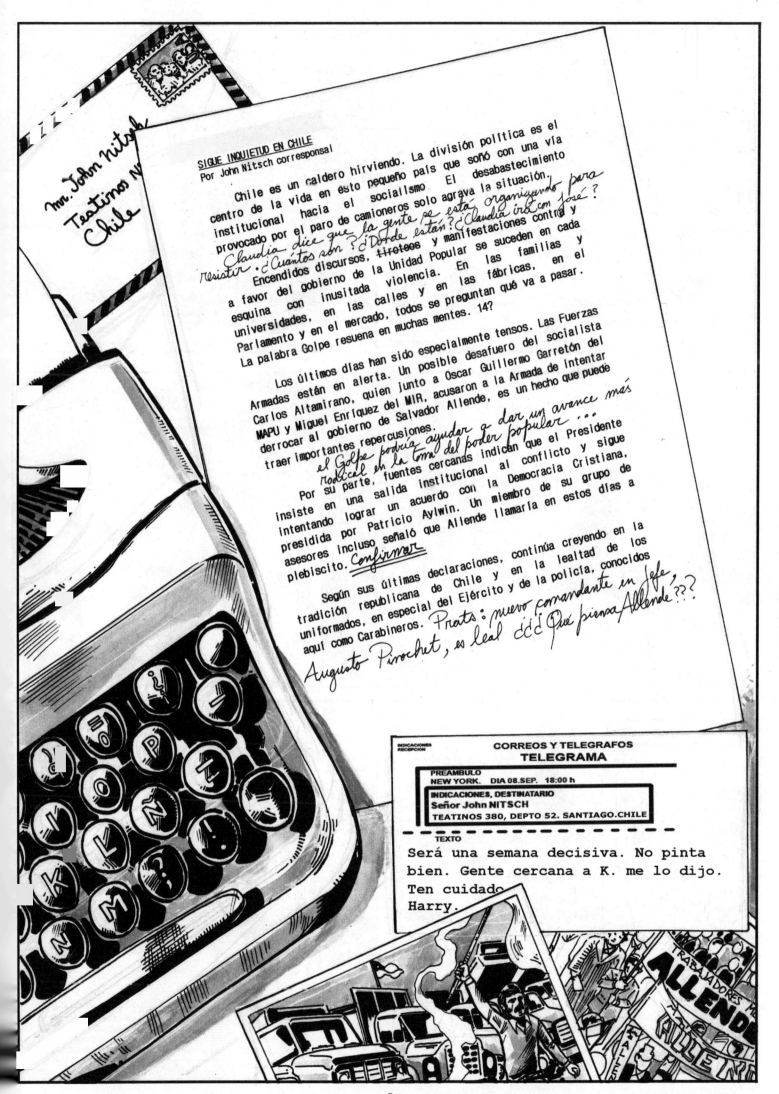

SOY EL PERIODISTA ESTADUNIDENSE JOHN NITSCH. TENGO 67 AÑOS Y HACE YA 40 FUI ENVIADO A CHILE A CUBRIR EL PROCESO DE SALVADOR ALLENDE. ALLÍ VIVÍ ESTA HISTORIA...

CLAUDIA...

11:30 AM. MARTES 11 DE SEPTIEMBRE DE 1973, SANTIAGO DE CHILE.

CLAUDIA...

... SU TELÉFONO NO FUNCIONABA...

06 AM. VALPARAÍSO.

SE SENTÍA EN EL AMBIENTE...

... NADIE TUVO LA CERTEZA, MUCHO MENOS UN EXTRANJERO COMO YO. MÁS TARDE LOGRÉ ARMAR UNA CRONOLOGÍA DE LOS HECHOS.

CLAUDIA, ESPÉRAME...

06 AM, CALLE SÁNCHEZ FONTECILLA, SANTIAGO. DOMICILIO DEL COMANDANTE RAÚL MONTERO.

EL COMANDANTE EN JEFE DE LA ARMADA CHILENA SE ENTERABA ABRUPTAMENTE DE QUE YA NO ESTABA AL MANDO.

06:30 AM, CALLE TOMÁS MORO, SANTIAGO

EL PRESIDENTE FUE ALERTADO.

07:40 AM. PALACIO DE GOBIERNO.

TODO SUCEDIÓ COMO EN UNA SECUENCIA CINEMATOGRÁFICA...

CLAUDIA...

11

ESCUELA DE TELECOMUNICACIONES, PEÑALOLÉN, SANTIAGO DE CHILE.

CADA UNO DE LOS ACTORES ESTABA, DESDE MUY TEMPRANO, EN SUS PUESTOS.

LA CONSPIRACIÓN ESTABA EN MARCHA.

08:25 AM.

HABLA EL PRESIDENTE DE LA REPÚBLICA DESDE EL PALACIO DE LA MONEDA.

INFORMACIONES CONFIRMADAS SEÑALAN QUE UN SECTOR DE LA MARINERÍA HABRÍA AISLADO VALPARAÍSO...

... Y QUE LA CIUDAD ESTARÍA OCUPADA, LO QUE SIGNIFICA UN LEVANTAMIENTO CONTRA EL GOBIERNO...

DEL GOBIERNO LEGÍTIMAMENTE CONSTITUIDO...

SEGÚN ME HA INFORMADO EL JEFE DE LA GUARNICIÓN, SANTIAGO ESTARÍA ACUARTELADO Y NORMAL.

EN TODO CASO YO ESTOY AQUÍ, EN EL PALACIO DE GOBIERNO...

... Y ME QUEDARÉ AQUÍ DEFENDIENDO AL GOBIERNO QUE REPRESENTO POR VOLUNTAD DEL PUEBLO.

RADIO MAGALLANES.

LAS MASAS ESTÁN ALERTAS Y DISPUESTAS A REALIZAR LOS MAYORES SACRIFICIOS EN DEFENSA DE SUS CONQUISTAS, DEL GOBIERNO LEGÍTIMAMENTE CONSTITUIDO Y DE LA REVOLUCIÓN CHILENA.

UN GRUPO DE UNIFORMADOS ANTIPATRIOTAS NO LOGRARÁ DETENER LA MARCHA DEL PAÍS HACIA SU DEFINITIVA LIBERACIÓN.

NO PARAREMOS DE TRANSMITIR PORQUE HEMOS RECIBIDO EL MANDATO DE LA GRAN MAYORÍA DEL PAÍS. ASÍ, ESTAREMOS AL AIRE MIENTRAS EL PAÍS SIGA SU MARCHA HACIA EL FUTURO.

MAGALLANES CB 102

42

¿CLAUDIA?

1970

"Quiero señalar ante la historia, el hecho
trascendental que ustedes han realizado
derrotando la soberbia del dinero, la presión
y la amenaza, la información deformada,
la campaña del terror, de la insidia y la maldad."
Salvador Allende

JOHN, ¿QUÉ SABES DE SUDAMÉRICA?

EN UN PAR DE SEMANAS ESTARÁS EN CHILE. SERÁS CORRESPONSAL DEL DIARIO.

QUE ES EL PARAÍSO DE LOS GOLPES DE ESTADO Y DE LA GUERRILLA, PERO CONOCIÉNDOTE SÉ QUE ESAS PREGUNTAS SIEMPRE OCULTAN ALGO, HARRY.

¿HAY NOTICIAS IMPORTANTES EN EL FIN DEL MUNDO?

AEROPUERTO DE PUDAHUEL, SANTIAGO DE CHILE, FINES DE AGOSTO DE 1970.

CHILE ESTÁ CONCITANDO EL INTERÉS MUNDIAL CON UN EXPERIMENTO POLÍTICO QUE DEBEMOS CUBRIR.

ALLENDE BUSCA LA VÍA CHILENA AL SOCIALISMO POR EL CAMINO ELECTORAL.

Y SI LOGRAN LLEGAR AL GOBIERNO, CRÉEME QUE VAN A PASAR MUCHAS COSAS, Y NO SÓLO EN CHILE.

TENEMOS QUE ESTAR AHÍ JOHN.

¿Y BIEN? ¿QUÉ DICES?

TE AGRADEZCO QUE CONFÍES EN MÍ, HARRY.

¿CUÁNDO PARTO?

CABALLERO, ¿DE DÓNDE ES USTED?

¿PERDÓN? ESTABA DISTRAÍDO...

ES QUE HABLA MUY BIEN CASTELLANO, PERO TIENE UN ACENTO RARO...

SOY ESTADUNIDENSE, PERO DE NIÑO VIVÍ MUCHOS AÑOS EN PANAMÁ.

CHILE, ERA UN PAÍS DE POCO MÁS DE 7 MILLONES DE HABITANTES. SE VEÍAN MUCHAS "POBLACIONES CALLAMPA", COMO LAS LLAMÓ EL TAXISTA.

PEQUEÑAS POBLACIONES MUY POBRES. NO HABÍA ÁREAS VERDES NI PARQUES. TODO ERA GRIS Y SUCIO.

LA LOCOMOCIÓN COLECTIVA ERA VIEJA Y DESTARTALADA. ERA DIVERTIDO VER CIRCULANDO VIEJOS AUTOS NORTEAMERICANOS DE LOS 50, ALGUNOS INCLUSO MÁS VIEJOS.

AHHH GRINGO. ¿Y QUÉ LO TRAE POR ACÁ?

TRABAJO. SOY PERIODISTA.

ESTÁ VINIENDO MUCHO PERIODISTA POR ACÁ ÚLTIMAMENTE.

POR ALGO SERÁ...

ES POR LA LESERA DE LAS ELECCIONES. AQUÍ LA GENTE SE HA PUESTO MUY POLITIQUERA Y LA POLÍTICA ES SUCIA...

¿Y USTED, QUIÉN CREE QUE GANARÁ LAS ELECCIONES?

GANE EL QUE GANE ES LO MISMO, HAY QUE TRABAJAR IGUAL. LOS MOMIOS DE ALESSANDRI TIENEN HARTAS POSIBILIDADES.

LA DEMOCRACIA CRISTIANA NOS DESILUSIONÓ. LA ESCASEZ ES TERRIBLE. SUBIÓ LA BENCINA...

TODO ESTÁ MÁS CARO. LA UNIDAD POPULAR Y ALLENDE TIENEN BUENAS INTENCIONES, PERO LOS COMUNISTAS DAN SUSTO.

QUE SE AGARREN A COSCACHOS ENTRE ELLOS NO MÁS Y NOS DEJEN EL PAÍS A LOS QUE TRABAJAMOS.

ESE TAXISTA ERA LA PRIMERA PERSONA QUE CONOCÍA EN EL PAÍS. Y ME PARECIÓ UN BUEN TIPO.

¿CÓMO PUEDO UBICARLO DESPUÉS?

SIEMPRE ME ESTACIONO EN LA OTRA ESQUINA Y SI NO ESTOY...

PREGUNTE POR MARCELO GONZÁLEZ.

ME AGRADÓ. CUESTIÓN DE PIEL.

CONSULADO DE ESTADOS UNIDOS EN CHILE, PALACIO BRUNA, 20:30 HRS.

PARECÍA ABSURDO, PERO ERA UN RECIÉN LLEGADO QUE A LAS POCAS HORAS YA ESTABA EN TERRITORIO ESTADUNIDENSE OTRA VEZ.

EL MISMO ZOOLÓGICO...

LA MISMA FAUNA...

EL PAISAJE HABITUAL DE MI PAÍS.

MI GENTE.

¿QUÉ LO TRAE A CHILE SR. NITSCH? HAY QUE TENER UNA MUY BUENA RAZÓN PARA VENIR AL FIN DEL MUNDO.

SOY CORRESPONSAL. ME ENVIARON A CUBRIR LAS ELECCIONES...

22

CABALLEROS... DEJEMOS QUE EL SEÑOR NITSCH SE FORME UNA OPINIÓN PROPIA DE LA SITUACIÓN CHILENA.

¿ME DISCULPAN?

SÍ, POR SUPUESTO...

SR. NITSCH, UN CONSEJO: NO OLVIDE SUS LEALTADES.

POR LO QUE ESCUCHÉ SOMOS COLEGAS...

MARCEL NEUMANN, CORRESPONSAL DE GUERRA...

JOHN NITSCH... ¿QUÉ HACE UN ROBERT CAPA EN CHILE?

OLFATEANDO... OBSERVANDO...

¿ALGUNA PREDICCIÓN ELECTORAL?

MI TRABAJO EMPIEZA RECIÉN CUANDO LA POLÍTICA HUELE A PÓLVORA.

Y YO YA ESTOY TRABAJANDO DESDE HACE VARIOS DÍAS. NO SÉ SI ME EXPLICO.

¿CREE QUE LA UNIDAD POPULAR TENGA UNA CHANCE?

TAL VEZ...

CUANDO LOS GRANDES CONGLOMERADOS ECONÓMICOS DE EMPRESAS COMO LA ITT Y LA ANACONDA VEN AFECTADOS SUS INTERESES... TODO PUEDE PASAR...

HAY MUCHOS INTERESES EN JUEGO. UN INCIPIENTE PROCESO REVOLUCIONARIO POR UNA PARTE Y UNA BURGUESÍA DIVIDIDA Y ASUSTADA, POR OTRA.

MIRA ESA REUNIÓN INFORMAL DE ALLÁ.

SUENA DESENCANTADO, NEUMANN.

A MI EDAD NO PUEDO DARME EL LUJO DE SER INGENUO.

LA GUERRA FRÍA DIVIDE AL MUNDO Y LO QUE PASE AQUÍ PROVOCARÁ UN DESEQUILIBRIO ESTRATÉGICO.

QUE NO TE EXTRAÑE SI TE ACUSAN DE AGENTE DE LA CIA. ACÁ TODOS LOS GRINGOS LO SOMOS.

POR ESO TUS AMIGUITOS DE ALLÁ ESTÁN TAN INQUIETOS.

HAY MUCHO TEMOR DE LO QUE PUEDA PASAR EL 4 DE SEPTIEMBRE.

ESTÁN PIDIENDO A GRITOS QUE ESTADOS UNIDOS INTERVENGA.

¿Y TÚ CREES QUE ESTADOS UNIDOS INTERVENDRÁ?

QUIÉN SABE, PERO OTRA CUBA RESULTA INACEPTABLE, AUNQUE SEA POR LA VÍA DEMOCRÁTICA.

LOS MILITARES SON UNA CAJA DE SORPRESAS JOHN. EN EL 69 CHILE TUVO UN INTENTO DE GOLPE DE ESTADO, EL TACNAZO...

SÍ, LEÍ SOBRE ESO. UN TAL GENERAL VIAUX SE ACUARTELÓ EN EL REGIMIENTO TACNA DE SANTIAGO PARA EXIGIR MEJORAS ECONÓMICAS PARA EL EJÉRCITO.

NOS HAN HECHO CREER QUE LOS MILITARES SON APOLÍTICOS Y RESPETUOSOS DE LA CONSTITUCIÓN.

MI EXPERIENCIA DICE OTRA COSA.

EN FIN, LA VIDA HAY QUE VIVIRLA SIN TOMÁRSELA TAN EN SERIO. ES BUENO BRINDAR CON UNOS TRAGOS Y RELAJARSE...

NO OLVIDES QUE NUNCA DEBES CONFIAR EN EXTRAÑOS PASADOS DE COPAS...

Y MENOS SI TE HABLAN DE POLÍTICA Y CONSPIRACIONES.

Y OTRA COSA, CUIDADO CON EL PISCO CON LIMÓN.

ES MUCHO MEJOR QUE CON COCA-COLA.

EN EL SIGLO XIX, CHILE SE EMBARCÓ EN UNA CRUENTA GUERRA CON SUS VECINOS Y SE APODERÓ DE LOS VASTOS YACIMIENTOS DE SALITRE DE PERÚ Y BOLIVIA.

COMO RESULTADO INGLATERRA OBTUVO RICOS DIVIDENDOS.

EN 1891, DURANTE EL GOBIERNO DEL PRESIDENTE BALMACEDA SOBREVINO LA GUERRA CIVIL. BALMACEDA SE SUICIDÓ.

TRAS LA SEGUNDA GUERRA MUNDIAL, ESTADOS UNIDOS COMENZÓ A EJERCER SU DOMINIO SOBRE EL COBRE CHILENO.

EL MOVIMIENTO SINDICAL FUE CRECIENDO. EN 1922 SE FUNDÓ EL PARTIDO COMUNISTA (PC), EN 1933 EL PARTIDO SOCIALISTA (PS), EN 1957 LA DEMOCRACIA CRISTIANA (DC) Y EN 1966 EL PARTIDO NACIONAL (PN).

EN 1970 MUCHOS PARTIDOS POLÍTICOS PROLIFERABAN EN ESTE PEQUEÑO PAÍS.

A LA IZQUIERDA EL PC, EL PS Y EL MOVIMIENTO DE IZQUIERDA REVOLUCIONARIO (MIR). AL CENTRO LA DC Y POR LA DERECHA EL PN...

ADEMÁS DE VARIOS GRUPOS ULTRAS DE TODAS FORMAS Y COLORES.

EL INGRESO PER CÁPITA EN CHILE ERA DE 700 DÓLARES.

MIENTRAS UNOS HACÍAN SU PROPIA REVOLUCIÓN DE LAS FLORES, OTROS MENDIGABAN.

CHILE ERA GOBERNADO POR UN DEMOCRATACRISTIANO CUYO LEMA ERA EL DE LA REVOLUCIÓN EN LIBERTAD.

PARA LA DERECHA, ALGO INCONCEBIBLE, UNA TRAICIÓN...

Y PARA LA IZQUIERDA, UNA SOCIAL DEMOCRACIA, DEMASIADO TIBIA.

TAC

TAC

LA ELECCIÓN PRESIDENCIAL DE 1970 EN CHILE, ERA LA MÁS IMPORTANTE DE LA HISTORIA DEL PAÍS.

EL SILLÓN PRESIDENCIAL SE LO DISPUTABAN JORGE ALESSANDRI, EX-PRESIDENTE, HIJO DE UN CAUDILLO DE LA DERECHA CHILENA QUE FUE PRESIDENTE DE CHILE Y GESTOR DE LA CONSTITUCIÓN QUE REGÍA EL PAÍS.

SALVADOR ALLENDE, DE IZQUIERDA, PRESIDENTE DEL SENADO, CANDIDATO A LA PRESIDENCIA EN TRES OCASIONES. PROMETÍA UNA INÉDITA VÍA DEMOCRÁTICA AL SOCIALISMO.

EN SU PROPIO PARTIDO LE DECÍAN EL PIJE POR SUS COSTUMBRES BURGUESAS.

Y FINALMENTE RADOMIRO TOMIC. DEMOCRATACRISTIANO PROGRESISTA, LA CONTINUIDAD DEL GOBIERNO DE FREI.

EL PANORAMA POLÍTICO SE HABÍA RADICALIZADO Y EL ACENTO SE PONÍA EN LOS CAMBIOS PROFUNDOS.

HABÍA UNA GRAN PASIÓN POR LA POLÍTICA. TODOS QUERÍAN PARTICIPAR.

EL PROBLEMA ERA LA POLARIZACIÓN. TODO ERA BLANCO O NEGRO. NO HABÍA DIÁLOGO, NADIE SE ESCUCHABA.

ERA IMPOSIBLE IMAGINAR A DÓNDE IBA A TERMINAR TODO ESO...

SOLO SABÍA QUE SE ESTABA PONIENDO INTERESANTE...

¡HOLA MARCELO!

¡GRINGO! ¡QUÉ SORPRESA!

¿ME ACOMPAÑARÍAS A UN LUGAR QUE ME RECOMENDARON?

EL BIM BAM BUM, ME IMAGINO.

NO. VAMOS A CARMEN 340.

¿SABES LLEGAR? SE LLAMA LA PEÑA DE LOS PARRA.

QUÉ CARAY APENAS GRITAN QUE HAY METAL EN EL POTRERO, VIENE EL GRINGO DESDE EL NORTE, LO SACA Y DEJA EL A'UJERO...

QUÉ CARAY APENAS GRITO QUE ME SIENTO LIBERTARIO, ME CAMBIAN LA VESTIMENTA POR UNA DE PRESIDIARIO...

ESA FUE YA NO SOMOS NOSOTROS, DE PATO MANNS, DEDICADA A LAS LUCHAS LIBERTARIAS DEL PUEBLO MAPUCHE.

ISABEL Y YO NOS VAMOS UN RATITO, PERO NO SE PREOCUPEN... LA FIESTA SIGUE ¡SALUD!

¿TE GUSTA ESTA MÚSICA?

YO PREFIERO LA MÚSICA ROMÁNTICA, PERO NO ESTÁ MAL LA PROTESTA.

LE HICIERON UNA CRÍTICA EN LA CANCIÓN ¿LO NOTÓ?

SÍ, PERO ME GUSTA, NO ME LO TOMO PERSONAL. PARECE UNA MÚSICA TAN, TAN...

¿COMBATIVA, COMPAÑERO?

JÁJAJA... NO SÉ...

JOSÉ, NO MOLESTES AL GRINGO...

¿GRINGO? YO PENSÉ QUE...

EQUIVOCADO. MIRA SU ROPA Y ESE EXTRAÑO ACENTO.

¿VIENES A AVIVARNOS LA CUECA DE LA UNIDAD POPULAR?

NO ENTIENDO...

VEN ACÁ. YO TE VOY MOSTRAR LO QUE ES CUECA...

NO SÉ BAILAR ESTO...

ZAPATEANDO SE APRENDE...

28

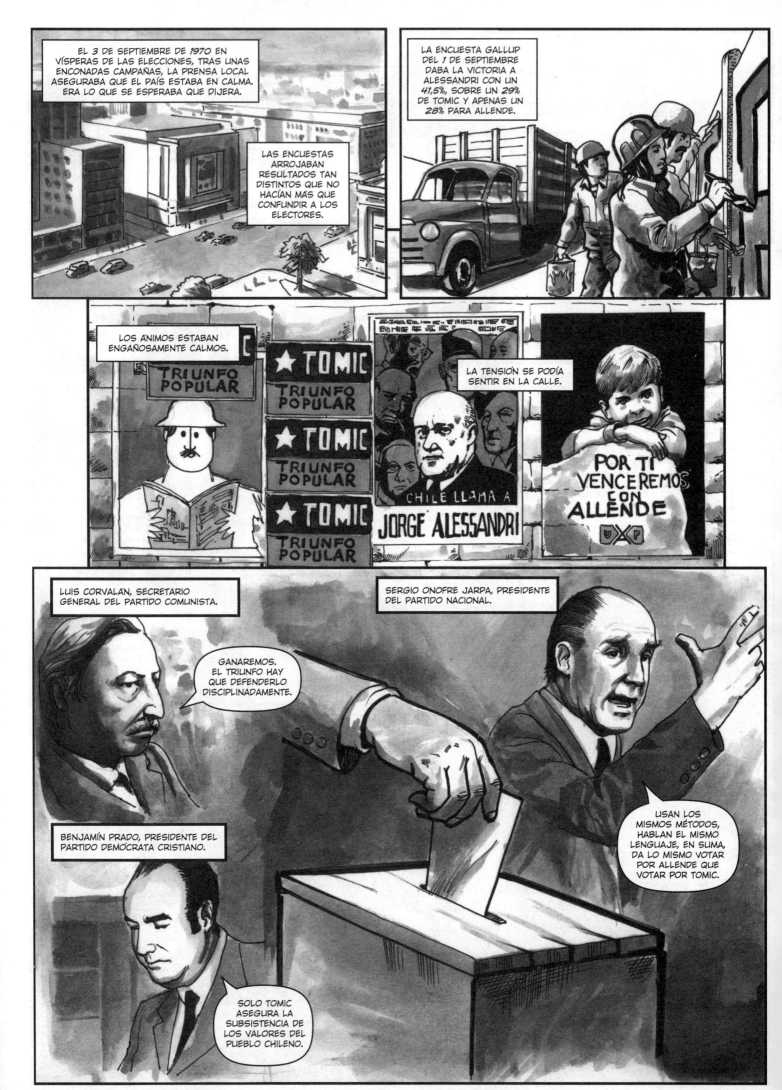

EL 3 DE SEPTIEMBRE DE 1970 EN VÍSPERAS DE LAS ELECCIONES, TRAS UNAS ENCONADAS CAMPAÑAS, LA PRENSA LOCAL ASEGURABA QUE EL PAÍS ESTABA EN CALMA. ERA LO QUE SE ESPERABA QUE DIJERA.

LAS ENCUESTAS ARROJABAN RESULTADOS TAN DISTINTOS QUE NO HACÍAN MÁS QUE CONFUNDIR A LOS ELECTORES.

LA ENCUESTA GALLUP DEL 1 DE SEPTIEMBRE DABA LA VICTORIA A ALESSANDRI CON UN 41,5%, SOBRE UN 29% DE TOMIC Y APENAS UN 28% PARA ALLENDE.

LOS ÁNIMOS ESTABAN ENGAÑOSAMENTE CALMOS.

TRIUNFO POPULAR

★ TOMIC TRIUNFO POPULAR

★ TOMIC TRIUNFO POPULAR

★ TOMIC TRIUNFO POPULAR

CHILE LLAMA A JORGE ALESSANDRI

LA TENSIÓN SE PODÍA SENTIR EN LA CALLE.

POR TI VENCEREMOS CON ALLENDE

LUIS CORVALÁN, SECRETARIO GENERAL DEL PARTIDO COMUNISTA.

GANAREMOS. EL TRIUNFO HAY QUE DEFENDERLO DISCIPLINADAMENTE.

SERGIO ONOFRE JARPA, PRESIDENTE DEL PARTIDO NACIONAL.

USAN LOS MISMOS MÉTODOS, HABLAN EL MISMO LENGUAJE, EN SUMA, DA LO MISMO VOTAR POR ALLENDE QUE VOTAR POR TOMIC.

BENJAMÍN PRADO, PRESIDENTE DEL PARTIDO DEMÓCRATA CRISTIANO.

SOLO TOMIC ASEGURA LA SUBSISTENCIA DE LOS VALORES DEL PUEBLO CHILENO.

21 HRS. AGENCIA EFE, SANTIAGO DE CHILE.

ESA TARDE CLAUDIA SE REUNIÓ CON SUS CAMARADAS Y YO CON LOS MÍOS.

ÉRAMOS VARIOS LOS PERIODISTAS QUE COMPARTÍAMOS LA INFORMACIÓN QUE LLEGABA MINUTO A MINUTO DESDE EL GOBIERNO.

LA EXPECTACIÓN ERA TAN GRANDE QUE APENAS HABÍA TIEMPO Y GANAS PARA UNA TAZA DE CAFÉ O UN VASO DE PISCO PARA MANTENERNOS ACTIVOS.

HASTA QUE ESCUCHAMOS EL TERCER COMUNICADO DEL MINISTERIO DEL INTERIOR.

ALLENDE AVENTAJABA ESTRECHAMENTE A ALESSANDRI.

ERA HORA DE VOLVER A LA CALLE.

A MEDIDA QUE EL DÍA AVANZABA, EL DESCONCIERTO Y EL PESIMISMO DE LA DERECHA SE HACÍA EVIDENTE.

LA ARROGANCIA TRIUNFANTE DEL DÍA ANTERIOR SE IBA DESVANECIENDO.

A ESO DE LAS 10 DE LA NOCHE, RADOMIRO TOMIC ADMITIÓ PÚBLICAMENTE SU DERROTA. MÁS TARDE, ALLENDISTAS Y TOMICISTAS SE UNIRÍAN EN LA CELEBRACIÓN.

LA PATRIA SIGUE Y LA TAREA CONTINÚA. VOLVERÁ A DESPUNTAR EL ALBA SOBRE CHILE.

PARA DESPEDIRNOS EN ESTA HORA POR UN MOMENTO, PORQUE LA DESPEDIDA ES PARA SEGUIR MAÑANA EN LO QUE ESTAMOS EMPEÑADOS, LES DIGO:

"NI UN PASO ATRÁS, CIEN PASOS HACIA DELANTE"

4 DE SEPTIEMBRE. 23 HRS.

¡LA IZQUIERDA, UNIDA JAMÁS SERÁ VENCIDA!

¡TRABAJADORES AL PODER!

LA TENSIÓN SEGUÍA CRECIENDO. LA VICTORIA DE ALLENDE ERA INMINENTE, PERO NO ERA RECONOCIDA.

A PESAR DE ESO, LOS ALLENDISTAS COMENZARON A SALIR EN MASA A CELEBRAR A LAS CALLES.

A LA 1 DE LA MADRUGADA DEL 5 DE SEPTIEMBRE DE 1970 YA ERA OFICIAL.

LA UNIDAD POPULAR HABÍA TRIUNFADO POR 34 MIL VOTOS DE DIFERENCIA.

ALLENDE OBTUVO 1.070.334 VOTOS (36,22%)

LE SIGUIÓ ALESSANDRI CON 1.031.159 VOTOS (34,89%)

Y MÁS ATRÁS TOMIC CON 821.801 VOTOS (27,81%).

¡U-PÉ! ¡U-PÉ!

FUE UNA FIESTA INMEDIATA.

¡ALLENDE, ALLENDE!

¡EL PUEBLO TE DEFIENDE!

2 DE LA MADRUGADA, 5 DE SEPTIEMBRE DE 1970.

SOY TAN SÓLO UN HOMBRE, CON TODAS LAS FLAQUEZAS Y DEBILIDADES QUE TIENE UN HOMBRE, Y SI PUDE SOPORTAR, PORQUE CUMPLÍA UNA TAREA, LA DERROTA DE AYER...

HOY SIN SOBERBIA Y SIN ESPÍRITU DE VENGANZA, ACEPTO ESTE TRIUNFO QUE NADA TIENE DE PERSONAL...

Y QUE SE LO DEBO A LA UNIDAD DE LOS PARTIDOS POPULARES, A LAS FUERZAS SOCIALES QUE HAN ESTADO JUNTO A NOSOTROS.

SE LO DEBO AL HOMBRE ANÓNIMO Y SACRIFICADO DE LA PATRIA, A LA HUMILDE MUJER DE NUESTRA TIERRA.

LE DEBO ESTE TRIUNFO AL PUEBLO DE CHILE, QUE ENTRARÁ CONMIGO A LA MONEDA EL 4 DE NOVIEMBRE.

RESPETARÉ LOS DERECHOS DE TODOS LOS CHILENOS. PERO TAMBIÉN DECLARO Y QUIERO QUE LO SEPAN DEFINITIVAMENTE...

QUE AL LLEGAR A LA MONEDA, CUMPLIREMOS EL COMPROMISO HISTÓRICO QUE HEMOS CONTRAÍDO...

SEDE DE LA FEDERACIÓN DE ESTUDIANTES DE LA UNIVERSIDAD DE CHILE EN LA ALAMEDA.

DE CONVERTIR EN REALIDAD EL PROGRAMA DE LA UNIDAD POPULAR.

SI LA VICTORIA NO ERA FÁCIL, DIFÍCIL SERÁ CONSOLIDAR NUESTRO TRIUNFO Y CONSTRUIR LA NUEVA SOCIEDAD.

HEMOS TRIUNFADO PARA DERROCAR DEFINITIVAMENTE LA EXPLOTACIÓN IMPERIALISTA, PARA TERMINAR CON LOS MONOPOLIOS...

PARA HACER UNA PROFUNDA REFORMA AGRARIA, PARA CONTROLAR EL COMERCIO DE EXPORTACIÓN E IMPORTACIÓN, PARA NACIONALIZAR.

LO HE DICHO: MI ÚNICO ANHELO ES SER PARA USTEDES EL COMPAÑERO PRESIDENTE.

SÓLO QUIERO SEÑALAR ANTE LA HISTORIA, EL HECHO TRASCENDENTAL QUE USTEDES HAN REALIZADO DERROTANDO LA SOBERBIA DEL DINERO, LA PRESIÓN Y LA AMENAZA...

LA INFORMACIÓN DEFORMADA, LA CAMPAÑA DEL TERROR, DE LA INSIDIA Y LA MALDAD.

USTEDES SE RETIRARÁN A SUS CASAS...

SIN QUE HAYA EL MENOR ASOMO DE UNA PROVOCACIÓN Y SIN DEJARSE PROVOCAR.

MIENTRAS LOS ADHERENTES DE LA UP CELEBRABAN HASTA ALTAS HORAS DE LA MADRUGADA EN EL CENTRO, EN EL BARRIO ALTO, LA ZONA MÁS PRÓSPERA DE LA CIUDAD DE SANTIAGO, CORRÍA EL RUMOR DE QUE HORDAS IZQUIERDISTAS SAQUEARÍAN SUS CASAS.

NADA DE ESO SUCEDIÓ, PERO ESA MISMA NOCHE, ALGUNOS, LOS MÁS ASUSTADOS HICIERON SUS MALETAS PARA ESCAPAR DEL PAÍS.

EN POCAS HORAS, LA DERECHA CHILENA PASABA DE LA EUFORIA TRIUNFALISTA AL PÁNICO.

ESA NOCHE Y HASTA EL 4 DE NOVIEMBRE, POR TEMAS DE SEGURIDAD, ALLENDE NO DORMIRÍA EN SU CASA DE GUARDIA VIEJA EN PROVIDENCIA.

HABÍA RECIBIDO NUMEROSAS AMENAZAS DE MUERTE. EL PRESIDENTE IBA ARMADO.

"LA EXPERIENCIA CHILENA (...) SURGE COMO INSÓLITA Y CASI INÉDITA EN TODO EL MUNDO. TIENE, PUES, UNA TRASCENDENCIA QUE EXCEDE LOS MARCOS LOCALES, Y QUE, DESDE HOY, ESTÁ GOLPEANDO EN TODOS LOS PAÍSES."
5 DE SEPT., 1970, LAS NOTICIAS DE ÚLTIMA HORA.

"CHILE CAMBIÓ SU DESTINO ESTE CUATRO DE SEPTIEMBRE DE 1970 Y SÓLO DIOS SABRÁ LAS CONSECUENCIAS DE ESTA DECISIÓN."
CLARÍN, BUENOS AIRES.

"LA DERECHA ESTÁ DERROTADA: PERO NO ESTÁ MUERTA."
6 DE SEPT., 1970, EL SIGLO.

"POR VEZ PRIMERA HA GANADO UN SOCIALISTA UNAS ELECCIONES EN LATINOAMÉRICA."
BERLINER MORGENSPOST, BERLÍN OCCIDENTAL.

"ESTA VICTORIA HABRÁ SIDO UN SHOCK PARA LOS INVERSORES EXTRANJEROS EN CHILE, PRINCIPALMENTE PARA LAS COMPAÑÍAS CUPRÍFERAS DOMINADAS POR LOS NORTEAMERICANOS."
THE OBSERVER, LONDRES.

"SE ABRE PARA CHILE UNA ETAPA DE INCERTIDUMBRE. NO SÓLO PARA CHILE, PARA TODA AMÉRICA..."
EL TIEMPO, BOGOTÁ.

"EL DOCTOR ALLENDE ESTÁ DISPUESTO A INSTALAR UN GOBIERNO REVOLUCIONARIO CAPAZ DE ACABAR CON EL DOMINIO DEL CAPITAL CHILENO Y EXTRANJERO."
DAILY TELEGRAPH, LONDRES.

EL MOMIAJE MOSTRÓ SUS UÑAS. ESCUCHE SEÑOR ALESSANDRI, NO CREA QUE LES VA A SALIR FÁCIL PORQUE VAMOS A DEFENDER A TODA COSTA LA VICTORIA DEL PUEBLO.

LA ELECCIÓN DE ALLENDE ESTÁ PROVOCANDO EL PÁNICO. EL DÓLAR SUBIÓ Y LA GENTE ESTÁ ASUSTADA.

¿NO HA VISTO COMO TODO EL MUNDO ESTÁ RETIRANDO SU DINERO DE LOS BANCOS Y ESCAPANDO DE SU PROPIO PAÍS?

¿ÉSA ES LA DEMOCRACIA DE LA UP?

ALESSANDRI DIJO QUE EL PROCESO NO HABÍA TERMINADO, QUE LOS RESULTADOS ERAN PROVISORIOS Y QUE LA ÚLTIMA PALABRA LA TENÍA EL CONGRESO.

POR LA UNIDAD NACIONAL MUJERES PRESENTE

¡LIBERTAD, LIBERTAD, QUEREMOS LIBERTAD!

¡CHILE SÍ, CUBA NO!

LOS HECHOS SE SUCEDIERON CON GRAN RAPIDEZ. EL 9 DE SEPTIEMBRE, DESCONOCIDOS HIRIERON AL CARABINERO DE GUARDIA EN LA EMBAJADA DE GRAN BRETAÑA DESDE UN AUTOMÓVIL EN MARCHA.

ESE MISMO DÍA JORGE ALESSANDRI ANUNCIABA PÚBLICAMENTE QUE, DE SER ELEGIDO POR EL CONGRESO PLENO, RENUNCIARÍA AL CARGO...

¡BLAM! ¡BLAM!

Y POR PRIMERA VEZ ALLENDE SE DIRIGÍA AL PAÍS, COMO CANDIDATO TRIUNFANTE, EN CADENA PARCIAL DE RADIOS DE LA ASOCIACIÓN DE RADIODIFUSORES DE CHILE.

EL 11 DE SEPTIEMBRE DE 1970, EN VALPARAÍSO, ALLENDE DENUNCIÓ UNA CAMPAÑA DEL TERROR FINANCIADA Y ORQUESTADA POR LA DERECHA.

AL MISMO TIEMPO, EN PUENTE ALTO SE DESCUBRÍA UNA FÁBRICA CLANDESTINA DE EXPLOSIVOS.

EL 13 DE SEPTIEMBRE DE 1970 SE FUNDÓ PATRIA Y LIBERTAD, MOVIMIENTO CÍVICO INDEPENDIENTE, UN GRUPO PARAMILITAR DE DERECHA, LIDERADO POR EL JOVEN ABOGADO PABLO RODRÍGUEZ.

EL MISMO 13 DE SEPTIEMBRE, LA UNIDAD POPULAR REALIZÓ EN CUMMING CON LA ALAMEDA LA "DEFENSA DEL TRIUNFO DE ALLENDE". PRIMERA MANIFESTACIÓN POSELECTORAL.

LOS QUE PIENSAN QUE LLEVAMOS A CHILE A UNA GUERRA CIVIL SON LOS COBARDES QUE TIENEN MIEDO A LA LIBERTAD. SI QUIEREN GUERRA CIVIL, AQUÍ ESTAMOS NOSOTROS DE PIE.

ALLENDE DENUNCIÓ ALLÍ UN COMPLOT EN SU CONTRA. DIJO TENER UNA LISTA CON LA IDENTIDAD DE LOS CONSPIRADORES.

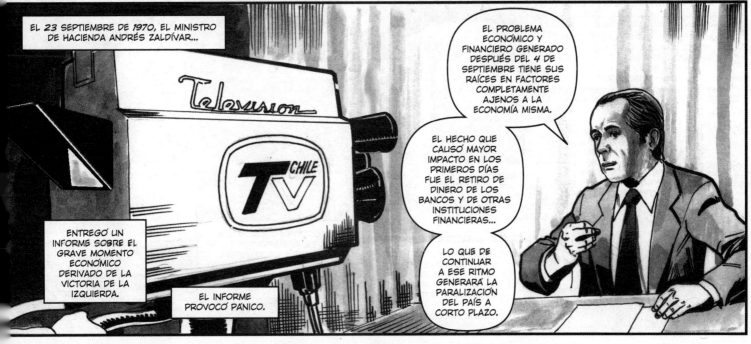

EL 23 SEPTIEMBRE DE 1970, EL MINISTRO DE HACIENDA ANDRÉS ZALDÍVAR...

EL PROBLEMA ECONÓMICO Y FINANCIERO GENERADO DESPUÉS DEL 4 DE SEPTIEMBRE TIENE SUS RAÍCES EN FACTORES COMPLETAMENTE AJENOS A LA ECONOMÍA MISMA.

EL HECHO QUE CAUSÓ MAYOR IMPACTO EN LOS PRIMEROS DÍAS FUE EL RETIRO DE DINERO DE LOS BANCOS Y DE OTRAS INSTITUCIONES FINANCIERAS...

ENTREGÓ UN INFORME SOBRE EL GRAVE MOMENTO ECONÓMICO DERIVADO DE LA VICTORIA DE LA IZQUIERDA.

EL INFORME PROVOCÓ PÁNICO.

LO QUE DE CONTINUAR A ESE RITMO GENERARÁ LA PARALIZACIÓN DEL PAÍS A CORTO PLAZO.

Television

TV CHILE

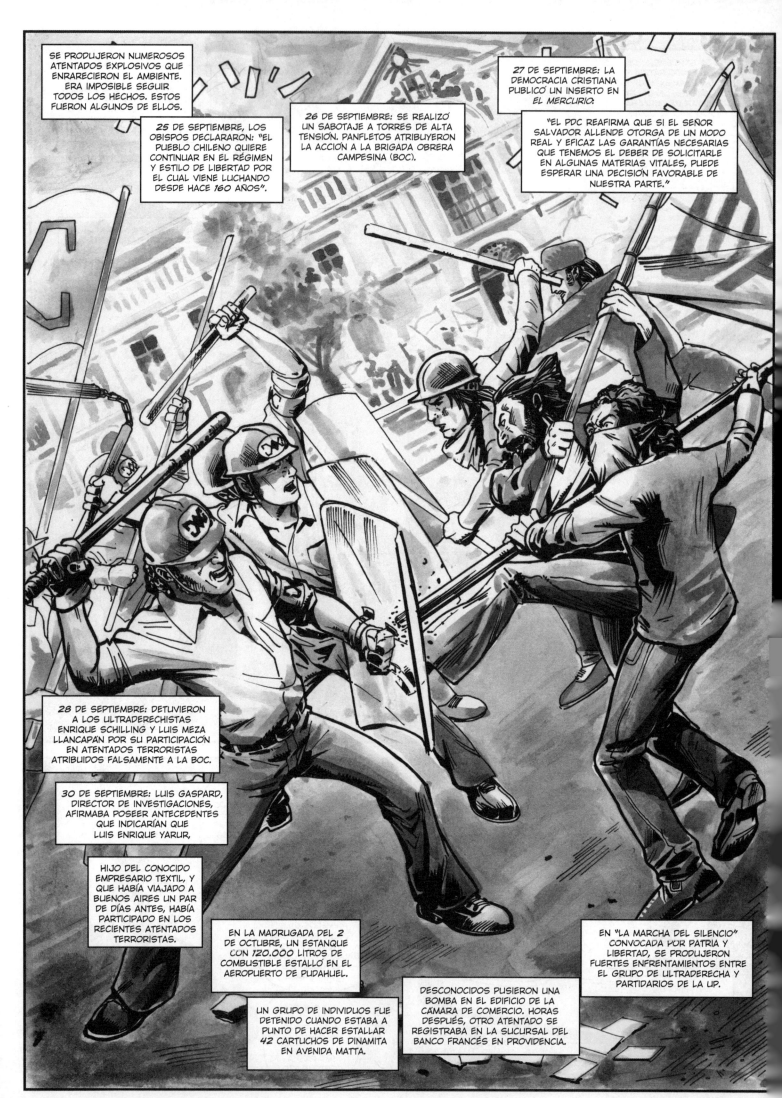

SE PRODUJERON NUMEROSOS ATENTADOS EXPLOSIVOS QUE ENRARECIERON EL AMBIENTE. ERA IMPOSIBLE SEGUIR TODOS LOS HECHOS. ESTOS FUERON ALGUNOS DE ELLOS.

25 DE SEPTIEMBRE, LOS OBISPOS DECLARARON: "EL PUEBLO CHILENO QUIERE CONTINUAR EN EL RÉGIMEN Y ESTILO DE LIBERTAD POR EL CUAL VIENE LUCHANDO DESDE HACE 160 AÑOS".

26 DE SEPTIEMBRE: SE REALIZÓ UN SABOTAJE A TORRES DE ALTA TENSIÓN. PANFLETOS ATRIBUYERON LA ACCIÓN A LA BRIGADA OBRERA CAMPESINA (BOC).

27 DE SEPTIEMBRE: LA DEMOCRACIA CRISTIANA PUBLICÓ UN INSERTO EN EL MERCURIO:

"EL PDC REAFIRMA QUE SI EL SEÑOR SALVADOR ALLENDE OTORGA DE UN MODO REAL Y EFICAZ LAS GARANTÍAS NECESARIAS QUE TENEMOS EL DEBER DE SOLICITARLE EN ALGUNAS MATERIAS VITALES, PUEDE ESPERAR UNA DECISIÓN FAVORABLE DE NUESTRA PARTE."

28 DE SEPTIEMBRE: DETUVIERON A LOS ULTRADERECHISTAS ENRIQUE SCHILLING Y LUIS MEZA LLANCAPÁN POR SU PARTICIPACIÓN EN ATENTADOS TERRORISTAS ATRIBUIDOS FALSAMENTE A LA BOC.

30 DE SEPTIEMBRE: LUIS GASPARD, DIRECTOR DE INVESTIGACIONES, AFIRMABA POSEER ANTECEDENTES QUE INDICARÍAN QUE LUIS ENRIQUE YARUR,

HIJO DEL CONOCIDO EMPRESARIO TEXTIL, Y QUE HABÍA VIAJADO A BUENOS AIRES UN PAR DE DÍAS ANTES, HABÍA PARTICIPADO EN LOS RECIENTES ATENTADOS TERRORISTAS.

EN LA MADRUGADA DEL 2 DE OCTUBRE, UN ESTANQUE CON 120.000 LITROS DE COMBUSTIBLE ESTALLÓ EN EL AEROPUERTO DE PUDAHUEL.

UN GRUPO DE INDIVIDUOS FUE DETENIDO CUANDO ESTABA A PUNTO DE HACER ESTALLAR 42 CARTUCHOS DE DINAMITA EN AVENIDA MATTA.

DESCONOCIDOS PUSIERON UNA BOMBA EN EL EDIFICIO DE LA CÁMARA DE COMERCIO. HORAS DESPUÉS, OTRO ATENTADO SE REGISTRABA EN LA SUCURSAL DEL BANCO FRANCÉS EN PROVIDENCIA.

EN "LA MARCHA DEL SILENCIO" CONVOCADA POR PATRIA Y LIBERTAD, SE PRODUJERON FUERTES ENFRENTAMIENTOS ENTRE EL GRUPO DE ULTRADERECHA Y PARTIDARIOS DE LA UP.

EL 3 DE OCTUBRE ESTALLARON CINCO NUEVAS BOMBAS: EN EL INSTITUTO GEOGRÁFICO MILITAR; CERCA DE LAS ANTENAS TRANSMISORAS DEL CANAL ESTATAL; EN EL CERRO SAN CRISTÓBAL; EN LAS TORRES DE TAJAMAR Y EN EL ARRAYÁN.

EL 8 DE OCTUBRE SE PRODUJERON FALSAS LLAMADAS ANUNCIANDO APARATOS EXPLOSIVOS EN COLEGIOS.

KA-BOOMM!

EL 9 DE OCTUBRE, UN GRUPO DE POBLADORES DIRIGIDOS POR EL MIRISTA VÍCTOR TORO, OCUPARON LA CASA CENTRAL DE LA UNIVERSIDAD DE CHILE.

ARMADOS CON LINCHACOS, ARMAS CORTAS Y PALOS SE ENFRENTARON A LA POLICÍA. LAS JUVENTUDES COMUNISTAS Y LA FEDERACIÓN DE ESTUDIANTES DE CHILE REPUDIARON LA ACCIÓN.

EL 15 DE OCTUBRE, LA CÁMARA DE DIPUTADOS APROBÓ LAS REFORMAS CONSTITUCIONALES QUE INCLUÍAN EL PROYECTO DEL ESTATUTO DE GARANTÍAS PACTADO ENTRE LA DC Y LA UP.

EL 19 DE OCTUBRE, LA POLICÍA DE INVESTIGACIONES DETUVO A PUNTA DE DISPAROS Y BOMBAS LACRIMÓGENAS AL EX MAYOR DEL EJÉRCITO ARTURO MARSHALL...

QUE TENÍA COMO OBJETIVO ASESINAR A ALLENDE ANTES DE QUE ÉSTE ASUMIERA LA PRESIDENCIA.

NO PUEDE SER QUE NADIE LO HAYA TRAÍDO PARA ACÁ TODAVÍA.

ESTO ES LO MEJOR QUE HAY.

NO VA A ENCONTRAR EN TODO SANTIAGO UN LUGAR ASÍ. SI SUPIERA LO RICO QUE ES, SE HABRÍA HECHO EL TIEMPO.

ME HABÍAN HABLADO MUCHO, PERO NO HE TENIDO TIEMPO MARCELO.

ESTA SÍ QUE ES MÚSICA. ESCUCHE... "SE ME AGIGANTA UN GRAN DOLOR Y UN GRAN DESEO DE ESCAPAR..."

ES DE LOS GALOS. NO LO OLVIDE.

SE ME AGIGANTA UN GRAN DOLOR...

A PROPÓSITO DE MÚSICA. ¿SUPO DE ESA FIESTA HIPPIE QUE HICIERON HACE POCO?

MAS SI ESTOY LEJOS, MÁS YO SUFRO...

SÍ, PIEDRA ROJA

DEBE HABER SIDO UN BUEN MOMENTO PARA LLORAR A JIMI HENDRIX.

NO LO CONOZCO A ÉSE...

PORQUE AUNQUE SEA DE TU VOZ, DE TU FIGURA, DE TU ANDAR...

HE NOTADO QUE LOS HIPPIES CHILENOS SON EN SU MAYORÍA GENTE CON PLATA QUE CASI NO SE INTERESAN POR LA POLÍTICA.

LA IZQUIERDA NO LOS MIRA CON BUENOS OJOS.

¡Y CÓMO NO VAN A DESCONFIAR! SI CON ESE PELO TODOS PARECEN MINAS.

HOY ME ALIMENTO Y ME MANTENGO...

CIERTO. ESO YA NO ES NOVEDAD. ÚLTIMAMENTE NADIE PARECE CONFIAR MUCHO EN NADIE.

¡SALUD POH GRINGO!

¡SALUD MARCELO!

08:15 DE LA MAÑANA DEL 22 DE OCTUBRE DE 1970.

EL GENERAL RENÉ SCHNEIDER SALÍA DE SU CASA EN CALLE SEBASTIÁN ELCANO 551, LAS CONDES, RUMBO A SU OFICINA.

FALTABAN SÓLO DOS DÍAS PARA QUE EL CONGRESO PLENO RATIFICARA A LA PRIMERA MAYORÍA RELATIVA COMO PRESIDENTE DEL PAÍS.

08:16 AM.

NO HABÍA TIEMPO QUE PERDER. LA LLAMADA OPERACIÓN ALFA DEBÍA REALIZARSE LO ANTES POSIBLE...

Y A CUALQUIER PRECIO.

EL PLAN, QUE INICIALMENTE HABÍA SUGERIDO LA POSIBILIDAD DEL SECUESTRO PARA PROVOCAR EL CAOS...

08:17 AM.

E INSTIGAR UN GOLPE DE ESTADO ANTES DE LA PROCLAMACIÓN PRESIDENCIAL, SE CONVIRTIÓ AQUELLA MAÑANA EN ALGO MUY DIFERENTE.

screech

KLANK

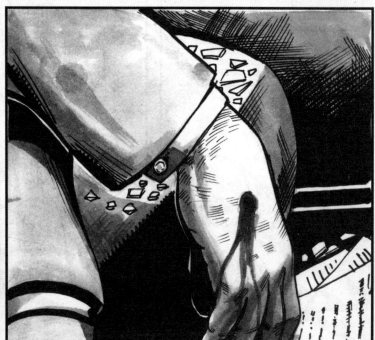

43

GENERAL RENÉ SCHNEIDER.

UN GOLPE DE LA DERECHA ES PROBLEMA PARA LOS POLÍTICOS. LAS FUERZAS ARMADAS SÓLO DEFIENDEN LA LEY.

A CAUSA DE LOS IMPACTOS RECIBIDOS, EL GENERAL SCHNEIDER MURIÓ A LAS *07:52* AM DEL DOMINGO *25 DE OCTUBRE DE 1970.*

UNO DE LOS TRES DISPAROS LE PERFORÓ LOS PULMONES, ROZANDO EL CORAZÓN Y DESTRUYENDO SU HÍGADO.

SEPTIEMBRE DE 1970, NIXON ORDENÓ A LA CIA: "NO HAY QUE DEJAR NINGUNA PIEDRA SIN MOVER PARA OBSTRUIR LA ELECCIÓN DE ALLENDE".

EL *25 DE SEPTIEMBRE*, EL EMBAJADOR DE ESTADOS UNIDOS EN CHILE, EDWARD KORRY, ENVIÓ UN CABLE AL CONSEJERO DE SEGURIDAD NACIONAL DE SU PAÍS, HENRY KISSINGER:

"ESTOY CONVENCIDO DE QUE NO PODEMOS PROVOCAR (UN GOLPE) Y QUE NO PODEMOS CORRER EL RIESGO DE SIMPLEMENTE REPETIR OTRO BAHÍA COCHINOS."

EL 3 DE NOVIEMBRE DE *1970* A LAS 11 DE LA MAÑANA, SALVADOR ALLENDE SE CONVIRTIÓ EN EN EL 37º PRESIDENTE DE LA REPÚBLICA DE CHILE EN UNA CEREMONIA OFICIAL EFECTUADA EN EL CONGRESO NACIONAL.

LA UNIDAD POPULAR HABÍA LLEGADO AL PODER Y AUNQUE EL *29 DE SEPTIEMBRE DE 1970* LA CIA INFORMABA QUE "EN ESTE MOMENTO NO HAY NADA QUE PROVOQUE UNA INTERVENCIÓN MILITAR, DADA LA CALMA ABSOLUTA QUE IMPERA EN EL PAÍS"...

LA BATALLA NO HABÍA HECHO MÁS QUE COMENZAR.

EL 30 DE OCTUBRE ALLENDE CONFORMÓ SU PRIMER GABINETE, CON EL QUE REVISÓ LAS PRIMERAS MEDIDAS DE SU GOBIERNO:

CONSTRUCCIÓN DE VIVIENDAS POPULARES, CREACIÓN DE NUEVOS EMPLEOS, CONTROL DE LA INFLACIÓN, AMPLIACIÓN DE LA REFORMA AGRARIA Y LA CONTROVERTIDA NACIONALIZACIÓN DEL COBRE.

"POR PRIMERA VEZ EN LA HISTORIA DE CHILE CUATRO OBREROS INTEGRAN UN GABINETE", DIJO ALLENDE, REFIRIÉNDOSE A ZORRILLA, OYARCE, BARRAZA Y CORTÉS.

MINISTRO DEL INTERIOR: JOSÉ TOHÁ GONZÁLEZ. PARTIDO SOCIALISTA.

MINISTRO DE RELACIONES EXTERIORES: CLODOMIRO ALMEYDA MEDINA. PARTIDO SOCIALISTA.

MINISTRO DE ECONOMÍA, FOMENTO Y RECONSTRUCCIÓN: PEDRO VUSKOVIC BRAVO. INDEPENDIENTE

MINISTRO DE HACIENDA: AMÉRICO ZORRILLA ROJAS. PARTIDO COMUNISTA

MINISTRO DE EDUCACIÓN PÚBLICA: MARIO ASTORGA GUTIÉRREZ. PARTIDO RADICAL

MINISTRO DE JUSTICIA: LISANDRO CRUZ PONCE. ACCIÓN POPULAR INDEPENDIENTE

MINISTRO DE DEFENSA NACIONAL. ALEJANDRO RÍOS VALDIVIA. PARTIDO RADICAL

CUANDO GANAMOS EL 4 DE SEPTIEMBRE DIJE QUE CONMIGO EL PUEBLO ENTRARÍA A LA MONEDA. ESTE GABINETE ASÍ LO ESTÁ DEMOSTRANDO.

MINISTRO DE AGRICULTURA: JACQUES CHONCHOL CHAIT. MOVIMIENTO DE ACCIÓN POPULAR UNITARIA (MAPU)

MINISTRO DE TIERRAS Y COLONIZACIÓN: HUMBERTO MARTONES MORALES. PARTIDO SOCIALDEMÓCRATA

MINISTRO DE OBRAS PÚBLICAS Y TRANSPORTES: PASCUAL BARRAZA BARRAZA. PARTIDO COMUNISTA

MINISTRO DE TRABAJO Y PREVISIÓN SOCIAL: JOSÉ OYARCE JARA. PARTIDO COMUNISTA

MINISTRO DE SALUD PÚBLICA: ÓSCAR JIMÉNEZ PINOCHET. PARTIDO SOCIALDEMÓCRATA

MINISTRO DE MINERÍA: ORLANDO CANTUARIAS ZEPEDA. PARTIDO RADICAL

MINISTRO DE VIVIENDA Y URBANISMO: CARLOS CORTÉS DÍAZ. PARTIDO SOCIALISTA

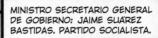

MINISTRO SECRETARIO GENERAL DE GOBIERNO: JAIME SUÁREZ BASTIDAS. PARTIDO SOCIALISTA.

1971

"El presente está abierto a principios del 70, pero
algunos de los nuestros plantean la lucha armada
y otros la lucha de masas. Eso nos separó."
José Ángel Cuevas

DURANTE *1971* CHILE ERA UN PAÍS QUE SE DESBORDABA EN MUCHOS SENTIDOS.

LA GENTE SE VOLCÓ A LAS CALLES Y MÁS ALLÁ DE LAS DIFICULTADES, LAS FIESTAS POPULARES SE TOMARON LA ALAMEDA.

DESDE EL HONDO CRISOL DE LA PATRIA. SE LEVANTA EL CLAMOR POPULAR.

¡PUTA QUE ESTÁ GÜENO ESTO!

HACE UN RATO VI A LUISÍN LANDÁEZ, EL CANTANTE DE CUMBIAS, QUE SE SACÓ LA CRESTA EN UN ESCENARIO.

Y HASTA DON FRANCISCO ESTÁ ANIMANDO EN UNO DE LOS ESCENARIOS DE MÁS ALLÁ.

¿EL DE SÁBADOS GIGANTES?

MIRA TÚ... QUIÉN LO HABRÍA PENSADO.

RECORDANDO AL SOLDADO VALIENTE CUYO EJEMPLO LO HICIERA INMORTAL.

ENFRENTEMOS PRIMERO A LA MUERTE, TRAICIONAR A LA PATRIA JAMÁS.

MI CHILE ES AHORA UN PAÍS NUEVO.

¿HABÍAS VISTO ANTES ALGO PARECIDO?

NUNCA POH GRINGO, NUNCA.

ERA EMOCIONANTE SENTIR EL FERVOR DE CLAUDIA Y JOSÉ, PERO ALGO ME IMPEDÍA DEJARME LLEVAR POR ESE ENTUSIASMO.

QUERÍA SER UN OBSERVADOR COMO NEUMANN O AL MENOS ESO INTENTABA. LO QUE SÍ TENÍA MUY CLARO ERA QUE EL CAMINO ENTRE LA UTOPÍA Y EL DESENCANTO ESTABA LLENO DE ATAJOS PELIGROSOS.

VENCEREMOS, VENCEREMOS. MIL CADENAS HABRÁ QUE ROMPER. VENCEREMOS, VENCEREMOS, LA MISERIA SABREMOS VENCER.

ES CIERTO QUE EL PROGRAMA DE LA UP ES ANTI-IMPERIALISTA, ANTI-MONOPOLISTA Y ANTILATIFUNDISTA.

EN EL MIR LOS APOYAMOS, PERO ES UN APOYO CRÍTICO. LA CONQUISTA DE ALLENDE ES IMPORTANTE, PERO NO LA DEFINITIVA.

CIERTO. ÉSTA ES UNA FASE PRE-REVOLUCIONARIA JOHN. AÚN HAY QUE CONCIENTIZAR A LAS MASAS Y REVERTIR EL PROCESO CAPITALISTA.

¿PERO NO ES ESO LO QUE BUSCA EXACTAMENTE ALLENDE Y LA UP?

TÚ NO ESCUCHAS GRINGO.

HAY QUE PREPARAR A NUESTRA CLASE EN LOS BARRIOS, EN LOS CORDONES INDUSTRIALES, EN LAS POBLACIONES PARA CUANDO LLEGUE EL MOMENTO.

EL CAMBIO REVOLUCIONARIO IMPLICA NECESARIAMENTE EL ENFRENTAMIENTO.

ESA ESTRATEGIA DE HACER LA REVOLUCIÓN DESDE DENTRO DEL SISTEMA ES UNA TRAMPA.

LA "COLABORACIÓN DE CLASES" DEL PC, NO ES VIABLE.

ES LA AUTO-CONSERVACIÓN DE LA CLASE DOMINANTE.

ERA MÁS QUE EVIDENTE EL GUEVARISMO DE AMBOS. ME IMPRESIONABA SU LENGUAJE, FIRME, CLARO, EN PIE DE GUERRA.

PARTE DE LA IZQUIERDA CREÍA FIRMEMENTE QUE CHILE PODÍA Y DEBÍA REPETIR EL PROCESO CUBANO.

¿DE VERDAD CREÍAN QUE ÉSA ERA UNA ALTERNATIVA A LA VÍA ELECTORAL? ¿ERA ESO LO QUE TODA LA UP BUSCABA EN REALIDAD?

SE LO REPITO. CHILE NECESITA UN GOBIERNO AUTORITARIO QUE VENGA A PONER ORDEN EN ESTE CAOS, QUE NOS DEVUELVA UN PAÍS UNIDO POR SUS VALORES NACIONALES.

CON SU ODIO DE CLASES LA UP NOS VA A ARRASTRAR A UNA GUERRA CIVIL. USTED ES NORTEAMERICANO, MR. NITSCH, ENTIENDE PERFECTAMENTE EL PELIGRO MARXISTA.

YA HABRÁ ESCUCHADO EL DISCURSO DE LA VIOLENCIA REVOLUCIONARIA.

SEPA USTED QUE NOSOTROS TAMBIÉN VAMOS A PELEAR POR DEFENDER LO QUE HEMOS LOGRADO CON NUESTRO TRABAJO.

LA PÉRDIDA DE LAS GARANTÍAS CONSTITUCIONALES SERÁ EL QUIEBRE DEFINITIVO DE NUESTRO SISTEMA DEMOCRÁTICO.

HAY QUE EVITARLO DE CUALQUIER FORMA. TAL VEZ HASTA NECESITEMOS UN POCO DE AYUDA. ¿ME ENTIENDE?

UNA DERECHA ASUSTADA SE ESTABA CONVIRTIENDO EN UN ENEMIGO FEROZ PARA LAS PRETENSIONES DE LA UP.

ESTABAN DISPUESTOS A TODO POR DEFENDER SUS PRIVILEGIOS Y SALVAR A CHILE DE LA AMENAZA MARXISTA Y DEL "ROTAJE" INSOLENTE.

AL CUMPLIR 5 MESES EN EL GOBIERNO, EL 30 DE MARZO A LAS 19:55 HRS. ALLENDE HABLÓ EN LA PLAZA DE LA CONSTITUCIÓN.

PURO CHILE: "EL PRESIDENTE DE LA REPÚBLICA EXPRESÓ QUE JAMÁS HUBO TANTA LIBERTAD DE PRENSA EN CHILE 'NOS ATACAN –ACLARÓ– PORQUE ESTAMOS CUMPLIENDO EL PROGRAMA DE LA UP QUE HIERE LOS INTERESES DE UNA MINORÍA PRIVILEGIADA'."

TRIBUNA: "NO ENCONTRÓ NADA MEJOR QUE REPETIR SUS ATAQUES A LA PRENSA DE OPOSICIÓN, CALIFICANDO A LOS PERIODISTAS INDEPENDIENTES CON LOS REPETIDOS E INJURIOSOS VOCABLOS DE 'PLUMARIOS' Y 'MERCENARIOS'."

PURO CHILE: "Y AL FINAL HIZO UN DRAMÁTICO LLAMADO AL PUEBLO. ESTAR ALERTA, PORQUE LOS SEDICIOSOS PROYECTAN DESENCADENAR LA VIOLENCIA EL 4 DE ABRIL, LLEVANDO LOS ATENTADOS CONTRA CARABINEROS Y MILITARES."

"A LA VIOLENCIA REACCIONARIA EL PUEBLO RESPONDERÁ CON LA VIOLENCIA REVOLUCIONARIA."

DOMINGO 4 DE ABRIL DE 1971.

EL 14 DE MARZO EL CONGRESO PLENO RATIFICÓ LA REFORMA CONSTITUCIONAL QUE PERMITIÓ POR PRIMERA VEZ QUE LOS MAYORES DE 18 AÑOS Y LOS EXTRANJEROS CON 5 AÑOS DE RESIDENCIA PUDIESEN VOTAR.

VEINTIÚN DÍAS DESPUÉS LOS CHILENOS ESCOGERÍAN A 1,753 CONSEJEROS MUNICIPALES. CADA COALICIÓN MEDÍA SU FUERZA REAL Y LA UP TENÍA SU PRIMERA EVALUACIÓN.

EL GENERAL AUGUSTO PINOCHET, EN ESE ENTONCES JEFE DE LA GUARNICIÓN MILITAR DE SANTIAGO, DESTACÓ EL CLIMA DE COMPLETA NORMALIDAD QUE MARCÓ EL ACTO ELECCIONARIO.

NO SOY POLÍTICO, NO ENTIENDO DE POLÍTICA, SOY SOLDADO Y TENGO COMO ANDAMIO LA CONSTITUCIÓN.

SIENTO ORGULLO Y SATISFACCIÓN POR EL CUMPLIMIENTO DE LOS DEBERES CIUDADANOS.

LAS ELECCIONES MUNICIPALES FUERON UN ÉXITO PARA LA UP CON UN 49.75% DE LOS SUFRAGIOS, AUNQUE SIN ALCANZAR SU META DE SUPERAR EL 50%.

ESTAS ELECCIONES HAN CONSTITUIDO UN DESMENTIDO PARA QUIENES PENSABAN QUE LA DEMOCRACIA SERÍA ABOLIDA CON LA LLEGADA AL PODER DE UN GOBIERNO POPULAR.

"NO ES UNA GUARDIA PROPIAMENTE.

ES UN GRUPO DE COMPAÑEROS Y TRABAJÉ CON ELLOS PORQUE ESTABA EN PELIGRO MI VIDA".

Y NO SON GUARDAESPALDAS, SON MIS COMPAÑEROS.

ASÍ SE REFERÍA ALLENDE A SU DISPOSITIVO DE SEGURIDAD PERSONAL CONOCIDO COMO GRUPO DE AMIGOS PERSONALES (GAP).

TODOS JÓVENES MILITANTES DEL PARTIDO SOCIALISTA Y DEL MIR CUYA MISIÓN ERA DEFENDER LA VIDA DEL COMPAÑERO ALLENDE, DEL "CHICHO".

SEGÚN EXPLICÓ ALLENDE EN MARZO DE ESE AÑO, EL GRUPO ESTABA DISPUESTO A PROTEGERLO "A COSTA DE SUS PROPIAS VIDAS, SI ALGÚN PELIGRO ME ACECHARA".

la vida del "compañero Allende"
"Chicho". XXXXX

El grupo está dispuesto a protegerme a

me acechara", declaró el mandatario en Marzo pasado.

la FIRME
REVISTA DE EDUCACIÓN POPULAR
N.º 2
PRECIO E° 1,50

LOS MONOPOLIOS

EXTRA
Los Angeles Times
MANSON VERDICT ALL GUILTY!
FIRST

CORREOS Y TELEGRAFOS
TELEGRAMA

Buen trabajo. Envía más fotos, urgente. Descansa si puedes. Saludos de los muchachos, Harry.

CLAUDIA. ¿CÓMO ESTÁS?

SÉ QUE EL MIR Y LA BRIGADA RAMONA PARRA DE LOS COMUNISTAS NO SE TRAGAN, PERO ¿ME ACOMPAÑARÍAS MAÑANA AL...

54

MUSEO DE ARTE CONTEMPORÁNEO DE QUINTA NORMAL?...

CREO QUE ES UN EVENTO QUE TE PUEDE INTERESAR...

¿LO HARÍAS POR MÍ?... TE LO AGRADEZCO... A LAS 3 DE LA TARDE SERÍA PERFECTO.

ALLÍ NOS REUNIMOS CON ALEJANDRO MONO GONZÁLEZ...

MURALISTA DE LA BRIGADA RAMONA PARRA.

¿QUÉ LE HA PARECIDO LA MUESTRA?

EXCELENTE... INCLASIFICABLE...

JA, JA, JA... PUEDE SER. FÍJESE QUE PRIMERO NOS RECHAZARON, LUEGO NOS TOMAMOS LAS CALLES Y AHORA LLEGAMOS INCLUSO A LA ACADEMIA.

¿NO ES UNA CONTRADICCIÓN ESTAR AHORA AQUÍ EN EL MUSEO?

LO QUE HACEMOS EN LA CALLE ES ARTE, SEÑOR NITSCH, Y ALFABETIZACIÓN. ES COMUNICAR EL TRIUNFO DE ALLENDE....

EL PROGRAMA DE LA UP EN IMÁGENES Y PARA ESO TODOS LOS ESPACIOS SON VÁLIDOS Y NECESARIOS.

INCLUSO EN ESTE MUSEO NUESTRO TRABAJO SIGUE SIENDO CLANDESTINO, EFÍMERO Y COLECTIVO.

EL MONO GONZÁLEZ ES UN ARTISTA QUE A SU MODO ENTENDIÓ QUE LA REVOLUCIÓN ES INMINENTE Y HA OBRADO EN CONSECUENCIA... A PESAR DE SER COMUNISTA.

CLAUDIA... HAY ALGO QUE ME LLAMA LA ATENCIÓN.

ALLENDE NUNCA TUVO EL APOYO INCONDICIONAL DEL MIR Y AHORA USTEDES SE HAN RADICALIZADO...

Y DALE CON LO MISMO. LAS FUERZAS REACCIONARIAS SE ESTÁN REAGRUPANDO, JOHN. Y NADIE MÁS PARECE VERLO.

SOY LA PRIMERA EN APLAUDIR EL HECHO DE QUE EL GOBIERNO HAYA ABIERTO LAS PUERTAS DE LA MOVILIZACIÓN OBRERA Y CAMPESINA,

PERO ES NUESTRO DEBER COMBATIR INCLUSO A LOS SECTORES MÁS VACILANTES DE LA UP.

ALLENDE NO SE CANSA DE DECIR QUE HARÁ TODOS LOS CAMBIOS DENTRO DEL MARCO DE LA LEGALIDAD.

NO ENTIENDES EL JUEGO DE LA DERECHA. SE RESISTEN A LA ENTREGA DEL PODER Y ESTÁN ARRASTRANDO INCLUSO A ALGUNOS FUNCIONARIOS DE GOBIERNO EN CONTRA DE LAS MOVILIZACIONES CAMPESINAS...

FRENANDO LA REFORMA AGRARIA, DETENIENDO EL PROCESO REVOLUCIONARIO, PERO NOSOTROS VAMOS A REACCIONAR CONTRA CUALQUIER ACCIÓN REPRESIVA CONTRA EL PUEBLO.

¿CON UN OJO PUESTO EN EL FUSIL?

CON EL FUSIL EN LA MANO SI ES NECESARIO, JOHN.

21 DE MAYO DE 1971. DÍA DE LA ARMADA. EL PRESIDENTE VISITÓ EL CONGRESO PARA SU PRIMERA CUENTA PÚBLICA A LA NACIÓN.

24 DE MAYO DE 1971, EL GOBIERNO ANUNCIÓ LA ESTATIZACIÓN DE LAS INDUSTRIAS TEXTILES DEL GRUPO YARUR, SUMAR, SAID E HIRMAS.

EL 25 DE MAYO DE 1971, ALLENDE REPUDIABA EL ASESINATO DEL CARABINERO TOMÁS GUTIÉRREZ OCURRIDO EL DÍA ANTERIOR EN UN ASALTO AL SUPERMERCADO MONTEMAR, EN UNA ACCIÓN ATRIBUIDA AL GRUPO RADICAL DE IZQUIERDA, VOP

"AQUELLOS SECTORES QUE SE DICEN REVOLUCIONARIOS ESTÁN MANCILLANDO LA PALABRA REVOLUCIÓN Y SI UN PSEUDO REVOLUCIONARIO HA ACTUADO EN ESTE HECHO, LO SECAREMOS EN LA CÁRCEL."

MARTES 8 DE JUNIO DE 1971. 10:50 AM. CALLE HERNANDO DE AGUIRRE, ENTRE CARLOS ANTÚNEZ Y CARMEN SYLVA.

Y LOS ESTUDIANTES SON PEQUEÑOS BURGUESES JUGANDO A LA POLÍTICA. EN EL HAMPA ESTÁ LA CUNA DE LA REVOLUCIÓN"

ASÍ REZABA UNA PROCLAMA DEL GRUPO DE ULTRA IZQUIERDA VANGUARDIA ORGANIZADA DEL PUEBLO (VOP).

"LA SUBVERSIÓN DEBE HACERSE CON DELINCUENTES, PORQUE SON LOS ÚNICOS NO COMPROMETIDOS CON EL SISTEMA: LOS OBREROS LUCHAN SOLAMENTE POR AUMENTOS DE SUELDO...

¡CRASH!

EL MISMO GRUPO QUE ASESINÓ AL EX MINISTRO DEL INTERIOR DE EDUARDO FREI MONTALVA, EDMUNDO PÉREZ ZUJOVIC, EN VENGANZA POR LA MASACRE DE PUERTO MONTT.

BRRAAP

LA HIJA DE PÉREZ ZUJOVIC, MARÍA ANGÉLICA, ESTUDIANTE UNIVERSITARIA, SALIÓ ILESA DEL ATAQUE.

"YO LE VENÍA DICIENDO A MI PAPÁ QUE ALGUIEN NOS SEGUÍA. AÚN MÁS, LE SUGERÍ QUE SACARA EL REVÓLVER, PERO ÉL NO ANDABA ARMADO." (EL MERCURIO. 9 DE JUNIO DE 1971.)

EN JUNIO DE 1969, EL CANTAUTOR VÍCTOR JARA INCLUYÓ EN SU LP "PONGO EN TUS MANOS ABIERTAS" LA CANCIÓN PREGUNTAS POR PUERTO MONTT...

EN LA QUE EXIGÍA EXPLICACIONES A PÉREZ ZUJOVIC, MINISTRO DEL INTERIOR, POR LA MUERTE DE DIEZ POBLADORES EN UN CONFUSO INCIDENTE CON CARABINEROS.

EDMUNDO PÉREZ ZUJOVIC, 10 DE MARZO DE 1969.

NO SE TRATA, PUES, EN EL CASO DE PUERTO MONTT, DE LA EXPLOTACIÓN ESPONTÁNEA DE UN PROBLEMA HABITACIONAL AGUDO, SINO DEL RESULTADO LAMENTABLE DE INTERESES POLÍTICOS IRRESPONSABLES Y BASTARDOS...

QUE NO HAN TREPIDADO EN JUGAR CON VIDAS HUMANAS DIGNAS Y VALIOSAS, SUBORDINÁNDOLAS A SUS INTERESES PARTIDISTAS INMEDIATOS.

ESE CRIMEN POLÍTICO, EL SEGUNDO EN OCHO MESES, ABRIÓ UNA PROFUNDA FISURA POLÍTICA ENTRE LA UP Y LA DC.

LA DC SE ACERCÓ AL PARTIDO NACIONAL PARA POTENCIAR SU COMÚN OPOSICIÓN AL GOBIERNO.

EN EL SERVICIO FÚNEBRE OFRECIDO EN LA CATEDRAL METROPOLITANA, LA FAMILIA DE PÉREZ ZUJOVIC DESALENTÓ LA PRESENCIA DE POLÍTICOS DE LA UP, QUE FINALMENTE NO SE PRESENTARON.

EL GOBIERNO CONDENÓ EL ASESINATO, DECRETÓ TRES DÍAS DE DUELO EN EL PAÍS Y ZONA DE EMERGENCIA CON TOQUE DE QUEDA EN SANTIAGO. SE SUSPENDIERON LAS SALIDAS DE TRENES, MICROS, AVIONES Y AUTOS PARTICULARES DESDE LA CAPITAL.

LA POLICÍA DE INVESTIGACIONES, CON APOYO DEL EJÉRCITO Y CARABINEROS, REALIZÓ OPERATIVOS EN DIVERSOS BARRIOS POPULARES DE SANTIAGO...

HASTA QUE FINALMENTE LOCALIZARON AL COMANDO EXTREMISTA.

LOS HERMANOS RONALD Y ARTURO RIVERA CALDERÓN ("EL CAMPILLAY" Y "EL HIPPIE") MURIERON TRAS HUIR POR LOS TECHOS DE LAS CASAS Y ENFRENTARSE A LA POLICÍA.

EL FEROZ TIROTEO SE EXTENDIÓ POR CINCO HORAS E INVOLUCRÓ A 190 HOMBRES DE LA POLICÍA Y EL EJÉRCITO.

16 DE JUNIO DE 1971. 14:07 HRS.

DOS DÍAS DESPUÉS DEL ABATIMIENTO Y CAPTURA DE SUS COMPAÑEROS DEL VOP, EL EX CARABINERO HERIBERTO SALAZAR INGRESÓ AL CUARTEL GENERAL DE INVESTIGACIONES DE GENERAL MACKENNA CON TEATINOS, SIN SER ADVERTIDO.

APARENTEMENTE, SU OBJETIVO ERA RESCATAR A VARIOS DE SUS COMPAÑEROS DETENIDOS.

OTRAS FUENTES SEÑALABAN QUE SU OBJETIVO ERA ASESINAR AL DIRECTOR DE INVESTIGACIONES, "COCO" PAREDES, COMO VENGANZA.

EL SUBINSPECTOR MARIO MARÍN CAYÓ MUERTO EN LA REFRIEGA...

Y EL DETECTIVE GERARDO ROMERO FUE HERIDO CUANDO TRATABA DE DEFENDERSE.

UNAS FUENTES INDICARON QUE LA POLICÍA AL DISPARAR ACERTÓ EN EL EXPLOSIVO, DETONÁNDOLO...

OTROS TESTIGOS SEÑALARON QUE FUE EL PROPIO SALAZAR QUIEN ACCIONÓ EL DISPOSITIVO.

BOOOOOOUWM

EL CUERPO DESINTEGRADO DEL ÚLTIMO MIEMBRO DEL VOP FUE RECONOCIDO POR SU CABEZA Y UN BRAZO.

ENTRE LOS RESTOS DE SALAZAR SE ENCONTRÓ UNA BILLETERA CON UNA NOTA:

"SI EL TONTO DE ALLENDE HUBIERA SIDO INTELIGENTE SE HABRÍA EVITADO ESTAS MUERTES DE PARÁSITOS MALDITOS...

ALLENDE PUDO EVITARLO SI NO HUBIERA HECHO TANTA ALHARACA POR LA MUERTE DEL ASESINO DE TANTOS TRABAJADORES. ES UN TRAIDOR."

EL VOPISTA ARTURO RIVERA CALDERÓN HABÍA SIDO UNO DE LOS POLÉMICOS INDULTADOS POR ALLENDE EL 5 DE ENERO.

7 DE JUNIO DE 1971. SACERDOTE RAÚL HASBÚN.

LA GENTE DE LA VOP SON FALSOS REVOLUCIONARIOS.

SON SOBRE TODO REVOLUCIONARIOS MEZCLADOS CON DELINCUENTES.

MIENTRAS MÁS CONOZCO A LOS REPRESENTANTES DEL PUEBLO, MÁS ADMIRO A LOS PERROS.

17 DE JUNIO DE 1971. LA CORPORACIÓN DE LA REFORMA AGRARIA (CORA) ANUNCIÓ LA EXPROPIACIÓN, HASTA ESA FECHA, DE 812 PREDIOS, 1 MILLÓN 880 MIL HECTÁREAS.

MARIO PALESTRO DECLARÓ EN EL MERCURIO: "NOSOTROS, SOCIALISTAS, RESPETAMOS EL HEROÍSMO DE ESTAS GENTES DEL VOP. QUE VAYAN POR MAL CAMINO, ESA ES OTRA CUESTIÓN."

con la reconstrucción renace la vida
reconstrucción de la zona asolada por los sismos

EL 8 DE JULIO DE 1971, A LAS 23 HRS, UN TERREMOTO SACUDIÓ SANTIAGO, VALPARAÍSO Y EL NORTE CHICO. MURIERON 86 PERSONAS.

EL 13 DE JULIO DE 1971, MISIONEROS NORTEAMERICANOS ENVIARON UNA CARTA A RICHARD NIXON, PIDIENDO RESPETO POR EL DERECHO DE CHILE A CONSTRUIR SU PROPIO DESTINO.

AL DÍA SIGUIENTE, EL GOBIERNO CHILENO NACIONALIZABA LA PRIMERA INSTITUCIÓN EXTRANJERA DE LA BANCA PRIVADA: EL BANK OF AMERICA.

CHILE NO DEBE TRANSFORMARSE EN UNA NUEVA CUBA.

11 DE JULIO DE 1971. EDUARDO FREI EN EL DIARIO ITALIANO CORRIERE DELLA SERA.

12:30 HRS. 15 DE JULIO DE 1971. SALÓN ROJO DE LA MONEDA.

ALLENDE FIRMÓ LA REFORMA CONSTITUCIONAL QUE LE OTORGÓ LOS INSTRUMENTOS LEGALES PARA EJERCER PROPIEDAD SOBRE LOS YACIMIENTOS DE COBRE DEL PAÍS...

EL 11 DE JULIO, DÍA DE LA "DIGNIDAD NACIONAL", EL CONGRESO VOTÓ UNÁNIMEMENTE PARA QUE LAS MINAS DE COBRE PASARAN A SER PROPIEDAD "EXCLUSIVA, INALIENABLE E IMPRESCRIPTIBLE" DEL ESTADO CHILENO.

¡VIVA CHILE ¡POR FIN EL COBRE ES NUESTRO!

SEÑORAS, SEÑORES, ESTE ACTO TIENE UNA EXTRAORDINARIA TRASCENDENCIA Y PODRÍA DECIR QUE ES QUIZÁS EL MÁS IMPORTANTE DESPUÉS DE NUESTRA INDEPENDENCIA.

ESTA REFORMA SATISFACE UN AMPLIO ANHELO DEL PUEBLO DE CHILE...

MÁS ALLÁ DE LAS FRONTERAS QUE DIVIDEN, A VECES, APASIONADAMENTE A LOS HOMBRES...

QUE ESTABAN BAJO EL CONTROL DE LOS CAPITALES EXTRANJEROS DE ANACONDA, KENNECOTT Y CERRO CORPORATION.

CHILE SE PONE PANTALONES LARGOS

ahora el cobre es chileno!!

UNA GRAN CONCIENCIA NACIONAL SE HA HECHO PRESENTE PARA HACER POSIBLE QUE CHILE...

CON ESTA REFORMA, EMPIECE A CAMINAR...

HACIA SU DEFINITIVA INDEPENDENCIA ECONÓMICA.

Cobre ya eres Patria

PODER POPULAR UNIDAD

NACIONALIZACION DEL COBRE LEY Nº 17.450 1971

E°115

CORREOS DE CHILE
CASA DE MONEDA DE CHILE

"LA PATRIA CONQUISTA SU FUTURO." EL SIGLO.

"CHILE INICIA HOY SU SEGUNDA INDEPENDENCIA." ÚLTIMA HORA.

31 DE JULIO DE 1971.

JUAN BOSCO PARRA, DIPUTADO DEMÓCRATA CRISTIANO DEL SECTOR TERCERISTA, PROCLIVE A LA IZQUIERDA, RENUNCIÓ JUNTO A UN GRUPO DE CAMARADAS A SU MILITANCIA DC.

HE LLEGADO AL CONVENCIMIENTO DE QUE LAS POSICIONES CRISTIANAS DE IZQUIERDA NO TIENEN PERSPECTIVAS REALES DENTRO DEL PARTIDO.

LUIS MAIRA. IZQUIERDA CRISTIANA.

LA JUSTIFICACIÓN ESENCIAL DE LA IZQUIERDA CRISTIANA ES COMPRENDER EL APORTE PROPIO DE LOS CRISTIANOS EN LA CONSTRUCCIÓN DE UNA SOCIEDAD SOCIALISTA.

EL 5 DE AGOSTO DE 1971, RAFAEL GUMUCIO Y JACQUES CHONCHOL, ENTRE OTROS, RENUNCIABAN AL MAPU PARA INGRESAR A LA IZQUIERDA CRISTIANA.

12 DE AGOSTO DE 1971.

ESTAMOS ENCIMA DE LA POSIBILIDAD DE UNA GUERRA CIVIL.

NO EXAGERES.

PORQUE EL PRESIDENTE SE QUEDA EN SILENCIO, LA DERECHA TIENE ATERRADO AL PAÍS CON SU MANIOBRA ECONÓMICA.

RECUERDO HABER IDO A VER UN FILM DE HELVIO SOTO, EN EL QUE LOS PERSONAJES SE DEFINÍAN MÁS POR SUS IDEAS QUE POR SUS ACCIONES.

¿Y TÚ QUIERES QUE NOSOTROS TRANQUILICEMOS AL PAÍS?

UNA DE LAS TESIS DE LA PELÍCULA ERA QUE LA VICTORIA DE LA UP ERA INSOSTENIBLE SIN LA REVOLUCIÓN ARMADA CONTRA LA DERECHA GOLPISTA.

POR LO MENOS QUIERO QUE NOSOTROS COMO DEMOCRACIA CRISTIANA NO PARTICIPEMOS EN UN COMPLOT.

ESTAMOS CONVIRTIÉNDONOS EN ALIADOS DE LA DERECHA.

TRES TRISTES TIGRES DE RAÚL RUIZ, ERA CONSIDERADA UNA DE LAS MEJORES CINTAS DE LA ÉPOCA.

EL NUEVO CINE CHILENO ERA PRECARIO, DISPAREJO...

POTENTE, DISCURSIVO, INTELECTUAL.

FIEL REFLEJO DE SU TIEMPO.

4 DE SEPTIEMBRE DE *1971*. ESTADIO NACIONAL. CELEBRACIÓN DEL PRIMER AÑO DE GOBIERNO DE LA UNIDAD POPULAR.

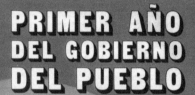

# PRIMER AÑO
## DEL GOBIERNO
## DEL PUEBLO

DESFILE DE LOS TRABAJADORES
MENSAJE DEL PRESIDENTE ALLENDE
4 DE NOVIEMBRE
AVDA. GRECIA – EST. NACIONAL

PUEBLO DE CHILE, PUEBLO DE SANTIAGO: HACE UN AÑO, EN ESTE MISMO Y AMPLIO ESTADIO, DIJE QUE EL PUEBLO HABÍA DICHO. VENCEREMOS, Y VENCIMOS...

EL PUEBLO DE CHILE HA RECUPERADO LO QUE LE PERTENECE. HA DERROTADO LOS MONOPOLIOS PERTENECIENTES A LA OLIGARQUÍA.

CONTROLAMOS EL 90% DE LO QUE FUERA LA BANCA PRIVADA: 16 BANCOS, LOS MÁS PODEROSOS, SON HOY PATRIMONIO DE CHILE Y DEL PUEBLO.

MÁS DE 70 EMPRESAS MONOPÓLICAS Y ESTRATÉGICAS HAN SIDO EXPROPIADAS, INTERVENIDAS, REQUISADAS O ESTATIZADAS.

HEMOS ACENTUADO Y PROFUNDIZADO EL PROCESO DE REFORMA AGRARIA.

QUEREMOS SEÑALAR QUE LOS ULTRAS, QUE LOS FILOFASCISTAS, LOS SEUDONACIONALISTAS, HABLAN HOY DÍA UN NACIONALISMO DEMAGÓGICO QUE EL PUEBLO REPUDIA.

SON LOS TROGLODITAS Y LOS CAVERNARIOS, DE UN ANTICOMUNISMO DESTINADO A DEFENDER GRANJERÍAS DE LOS GRUPOS MINORITARIOS.

¡EL PUEBLO LOS ATAJARÁ Y NO PASARÁ EL FASCISMO A NUESTRO PAÍS!

HAY CIERTOS SECTORES EXTREMISTAS A QUIENES LES DIGO YO QUE NO TEMEMOS AL DIÁLOGO, A LA DISCUSIÓN IDEOLÓGICA, PERO PARA EMPEZAR ES BUENO QUE SE LEAN EL LIBRITO DE LENIN QUE DICE: EXTREMISMO, ENFERMEDAD INFANTIL DEL COMUNISMO.

HAY QUE TERMINAR CON EL SECTARISMO Y EL EXCLUSIVISMO.

NO A LA ESPECULACIÓN CON LAS NECESIDADES DEL CONSUMIDOR.

NO CONTRA LOS PEQUEÑOS COMERCIANTES, SINO CON ELLOS, COMBATIENDO A LOS ESPECULADORES.

SOLIDARIDAD DE CLASES, MANO TENDIDA A LOS TRABAJADORES, POBLADORES, CAMPESINOS, SEAN O NO SEAN DE LA UNIDAD POPULAR.

ADELANTE, VENCEREMOS. ADELANTE, COMPAÑEROS.

TENEMOS QUE VENCER, PARA HACER LA VIDA MÁS FRATERNA Y SIN ODIOS, EN NUESTRA PROPIA PATRIA, DE CUIDAR NUESTRA MORAL, POR LA FUERZA CONSTRUCTIVA Y REVOLUCIONARIA DEL PUEBLO.

¡ADELANTE, CHILENOS, VENCEREMOS UNA VEZ MÁS, POR LA PATRIA Y POR EL PUEBLO!

14 DE OCTUBRE DE 1971.

¿QUÉ TE PARECE JOHN? EL "COMPAÑERO" ALLENDE DECIDIÓ DESCONTAR...

¡774 MILLONES DE DÓLARES POR BENEFICIOS EXCESIVOS DEL TOTAL DE LAS INDEMNIZACIONES DE LAS COMPAÑÍAS NORTEAMERICANAS DE COBRE!

QUE EQUIVALE A DECIRLES: ¡NO VOY A PAGARLES NADA! Y NO SÓLO NO LOS INDEMNIZA, SINO QUE LOS CONVIERTE EN DEUDORES DEL ESTADO CHILENO.

MARCEL NEUMANN. NUNCA SABÍA SI HABLABA EN SERIO O ESTABA BROMEANDO.

Y EL EMBAJADOR KORRY DEJA EL PAÍS MIENTRAS LA IRA DE WASHINGTON Y DE TUS AMIGUITOS DE LA FIESTA DE LA EMBAJADA SE DESATA...

DE SEGURO A ESTA HORA ESTÁN PIDIENDO LA CABEZA DE ALLENDE CON UN JUGOSO CHEQUE EN LA MANO.

MARCEL, ¿TE HAS FIJADO EN LAS MUCHEDUMBRES DE AMBOS BANDOS?

UNOS ALEGRES, OTROS FURIOSOS.

TODOS ESTÁN LLENOS DE UNA PASIÓN DESMEDIDA QUE NO HABÍA VISTO ANTES. ENVALENTONADOS, DECIDIDOS.

Y TEMEROSOS. CON MIEDO A PERDER LO GANADO.

HAY TENSIÓN Y LA TENSIÓN TARDE O TEMPRANO ESTALLA.

TE CONCEDO ESTO: ES INÚTIL INTENTAR COMPRENDER LO QUE PASA EN CHILE...

ÚNICAMENTE A PARTIR DE LOS PARÁMETROS POLÍTICOS...

¡CUIDADO!

10 DE NOVIEMBRE DE 1971.

EN MEDIO DE UNA CRECIENTE CRISIS ECONÓMICA, UNA UP EUFÓRICA RECIBIÓ AL LÍDER DE LA REVOLUCIÓN CUBANA, FIDEL CASTRO.

LA VISITA OFICIAL, EN PRINCIPIO DE POCO MÁS DE UNA SEMANA, SE EXTENDIÓ POR CASI 25 DÍAS. LO QUE PARA MUCHOS FUE CASI COMO APAGAR EL FUEGO CON BENCINA.

A SU ARRIBO, CASTRO REGALÓ A ALLENDE UN FUSIL DE ASALTO AK-47 CON EL SIGUIENTE MENSAJE GRABADO:

"A MI BUEN AMIGO SALVADOR, DE FIDEL, QUE POR DIFERENTES MEDIOS INTENTA ALCANZAR LOS MISMOS OBJETIVOS."

EL LÍDER CUBANO REALIZÓ UN FRENÉTICO PROGRAMA DE ACTIVIDADES CON MARATÓNICOS DISCURSOS EN UNIVERSIDADES Y ESTADIOS A LO LARGO DE TODO CHILE, ACUSANDO DE "REACCIONARIOS" Y "CÓMPLICES DEL IMPERIALISMO" A TODOS LOS MEDIOS OPOSITORES.

CASTRO HABLÓ DE EDUCACIÓN, DE LA HERMANDAD CHILENO-CUBANA, DE LA NACIONALIZACIÓN DE LOS RECURSOS NATURALES Y DE LOS DESAFÍOS DE LA REVOLUCIÓN EN AMÉRICA LATINA.

LA DERECHA CONSIDERÓ SU VISITA COMO UNA PROVOCACIÓN, PUES LA FIGURA DEL "ABOMINABLE BARBUDO" PREFIGURABA UNO DE SUS MAYORES TEMORES: EL DOMINIO COMUNISTA DEL PAÍS.

SERGIO ONOFRE JARPA, PRESIDENTE DEL PARTIDO NACIONAL, DECLARÓ QUE CASTRO VENÍA A DAR LECCIONES QUE LOS CHILENOS NO NECESITABAN.

EL DIPUTADO DE DERECHA VÍCTOR CARMINE PRESENTÓ UN PROYECTO PARA PEDIR EL TÉRMINO DE SU VISITA, POR CONSIDERARLA UNA INTROMISIÓN EN LOS ASUNTOS INTERNOS DEL PAÍS.

FUE EL CHILE POPULAR EL QUE BRINDÓ A CASTRO UNA ACOGIDA INOLVIDABLE.

CASTRO DIVIDIÓ A LOS PARTIDARIOS DE LA UP.

¡FIDEL!

CHILE TE ABRE SU CORAZON

El doctor Allende y el pueblo reciben a las 5 al héroe cubano

CLARÍN
firme junto al pueblo
EL DIARIO DE MAYOR CIRCULACIÓN

NANCY ENLOQUECIÓ A PARACAIDISTA: MATÓ A SU RIVAL

¡EXIJA EL POSTER DE FIDEL!

eva

Dr. MORTIS

SU PROLONGADA ESTADÍA AUMENTÓ LAS AGRESIONES DE LA DERECHA...

CALDEÓ LOS ÁNIMOS DE LA IZQUIERDA QUE SOÑABA CON EL ENFRENTAMIENTO ARMADO...

Y RESTÓ CREDIBILIDAD A LA "VÍA CHILENA AL SOCIALISMO".

PARA SALVADOR ALLENDE LA VISITA DE CASTRO LLEGABA JUSTO EN EL MOMENTO EN QUE LA ULTRA IZQUIERDA LO ACUSABA DE REFORMISTA...

PERO LA PRESENCIA DEL LÍDER CUBANO LE GARANTIZÓ CIERTO ESPÍRITU REVOLUCIONARIO QUE MUCHOS LE RESTABAN A UN RÉGIMEN QUE LE DEBÍA TODO AL VOTO DEMOCRÁTICO...

Y NADA A LA LUCHA ARMADA.

LA VISITA DE UNA SERIA Y MUY COMPUESTA DELEGACIÓN FRANCESA FORMADA POR FRANÇOIS MITTERRAND (BAUTIZADO POR LA PRENSA CHILENA COMO EL ALLENDE FRANCÉS)...

GASTON DEFFERRE Y CLAUDE ESTIER, PASÓ DESAPERCIBIDA ANTE LA EXCENTRICIDAD Y EL CARISMA DE CASTRO.

FRANÇOIS MITTERRAND DECLARÓ EN *LE MONDE* DE NOVIEMBRE DE 1971.

"EL MODELO CHILENO PARECE HABER CONSEGUIDO TRANSFORMAR DE ARRIBA ABAJO LAS ESTRUCTURAS ECONÓMICAS MANTENIENDO LAS LIBERTADES INDIVIDUALES.

ALLENDE NOS HA FASCINADO POR EL MAGISTERIO MORAL QUE PARECE EJERCER SOBRE SUS COMPAÑEROS Y POR SU DETERMINACIÓN POR PRESERVAR EL ACTIVO DEMOCRÁTICO DE SU PAÍS."

EL AMBIENTE ESTABA CALDEADO.

2 DE NOVIEMBRE, MIGUEL ENRÍQUEZ, SECRETARIO GENERAL DEL MIR, ENCENDIÓ LA MECHA EN EL TEATRO MUNICIPAL DE TEMUCO...

EN UN HOMENAJE A MOISÉS HUENTELAF, MUERTO EN UNA TOMA DE FUNDO.

LAS ÚNICAS ALTERNATIVAS HOY EN CHILE SON: SOCIALISMO O FASCISMO.

EL MIR SOSTIENE QUE A PESAR DE QUE NO CONCORDAMOS CON CADA PASO DE LA UNIDAD POPULAR,

QUE A PESAR DE QUE TENGAMOS DIFERENCIAS CON ASPECTOS DE SU POLÍTICA...

ELLO NO SIGNIFICA QUE TENGAMOS QUE IR A UNA RUPTURA DEFINITIVA.

¡CÓMO NO QUISIERAN LAS CLASES DOMINANTES QUE EL PUEBLO SE DIVIDIERA DEFINITIVAMENTE!

¡CÓMO NO QUISIERAN *EL MERCURIO*, *LA PRENSA*, *LA TRIBUNA* QUE LA IZQUIERDA COMENZARA UNA LUCHA FRATRICIDA!

EL MIR BUSCA LA UNIDAD DE TODO EL PUEBLO, DE TODA LA IZQUIERDA PARA ENFRENTAR EN DEFINITIVA A LAS CLASES DOMINANTES NACIONALES Y EXTRANJERAS.

COMPAÑERO MOISES HUENTELAF INADO POR EL FASCISMO

OBRERO Y AMPESIN

MIR

LOS QUE HACEN CONCESIONES CREYENDO QUE ASÍ PUEDEN TRANQUILIZAR A LOS SECTORES MÁS ESTRIDENTES DE LA CLASE DOMINANTE...

NO HACEN OTRA COSA QUE FAVORECER LOS JUEGOS TÁCTICOS DE LA SEDICIÓN.

LAS CONCESIONES LE PAVIMENTAN EL CAMINO A LA SEDICIÓN.

LA UP NO TARDÓ EN CONTESTAR.

LA PRENSA: "MIR SERÁ REPUDIADO POR LA CLASE OBRERA."

EL PRIMER OBJETIVO DEL ATAQUE DEL MIR ES LA POLÍTICA AGRARIA DEL GOBIERNO. SE LE IMPUTA A LA UNIDAD POPULAR UTILIZAR UNA LEY DEMOCRATACRISTIANA PARA ACELERAR LAS EXPROPIACIONES.

USAR LA LEY QUE EXISTE PARA AVANZAR Y MEJORAR LA CORRELACIÓN DE FUERZAS EN FAVOR DEL GOBIERNO DE LA UP...

PARA ASEGURAR EL DICTAMEN DE UNA NUEVA LEY CON EL APOYO DE LA MAYORÍA, ESO ES UNA POLÍTICA REVOLUCIONARIA.

LO QUE EL MIR PROPUGNA EN EL CAMPO, UNA POLÍTICA INDISCRIMINADA DE TOMAS...

UNIDAD POPULAR REPUDIA

SIGNIFICA ENAJENARSE EL APOYO DE MILES DE PEQUEÑOS PROPIETARIOS AGRÍCOLAS. A ESO CONDUCE LA POLÍTICA DEL MIR."

¡HIJOS DE PUTA!

¡CRAC!

1 DE DICIEMBRE DE 1971. EN PLAZA ITALIA SE REALIZÓ UNA MULTITUDINARIA PROTESTA...

CONTRA EL GOBIERNO DE LA UP, ENCABEZADA POR MUJERES DE CLASE MEDIA Y ALTA EN PROTESTA POR EL DESABASTECIMIENTO.

¡PLEBISCITO! ¡PLEBISCITO! NO TE HAGÁS EL CUCHITO

¡ALLENDE ESCUCHA, LAS MUJERES SOMOS MUCHAS!

FUE LLAMADA "LA MARCHA DE LAS OLLAS VACÍAS".

"LOS CONTRAMANIFESTANTES HICIERON USO DE TODA CLASE DE ARMAS CONTUNDENTES PARA AGREDIR A LAS MUJERES...

"BRIGADAS DE CONTRAMANIFESTANTES DIERON ORIGEN A GRAVES INCIDENTES CON CARABINEROS QUE ARROJARON BOMBAS LACRIMÓGENAS", EL MERCURIO, 2 DE DICIEMBRE DE 1971.

¡EN LA OLLA NO HAY UN HUESO Y EL GOBIERNO SE HACE EL LESO!

Y LES LANZARON PIEDRAS DE GRAN TAMAÑO, LO QUE PROVOCÓ UN SALDO DE NUMEROSOS HERIDOS." EL MERCURIO, 2 DE DICIEMBRE DE 1971.

LAS MANIFESTANTES IBAN ESCOLTADAS POR MILITANTES DE EXTREMA DERECHA QUE NO SE DEMORARON EN ENTRAR EN BATALLA CONTRA LOS ELEMENTOS DEL MIR.

EN LA EDICIÓN DE *LE MONDE* DEL SÁBADO 4 DE DICIEMBRE DE 1971, SE CONSIGNAN LAS "NUMEROSAS REFRIEGAS QUE TUVIERON COMO RESULTADO 96 HERIDOS, DE LOS CUALES 7 SE ENCUENTRAN EN ESTADO GRAVE."

"SON HECHOS DEMOSTRATIVOS DE QUE SE TRATA DE UN PLAN SEDICIOSO ORQUESTADO, DE TODA UNA ESTRATEGIA DE PROVOCACIÓN, DE ATAQUE CONTRA LA FUERZA PÚBLICA, DIRIGIDO A DESTRUIR EL RÉGIMEN DEMOCRÁTICO Y EL IMPERIO DE LA LEY."

DECLARACIÓN PÚBLICA DEL MINISTRO DEL INTERIOR JOSÉ TOHÁ, 3 DE DICIEMBRE DE 1971.

EL MINISTRO DEL INTERIOR ANUNCIÓ EL CIERRE DE DOS EMISORAS DE RADIO DE LA OPOSICIÓN "ACUSADAS DE DIFUNDIR FALSAS NOTICIAS, DE HABLAR DE MUERTOS DURANTE LAS ALGARADAS". *LE MONDE*, SÁBADO 4 DE DICIEMBRE DE 1971.

3 DE DICIEMBRE DE 1971.

EL TOQUE DE QUEDA TRANQUILIZARÁ A TODO EL MUNDO.

DEBIDO A LOS GRAVES DESÓRDENES Y ATENTADOS TRAS LA MARCHA DE LAS OLLAS VACÍAS, PINOCHET, QUE EN ESE ENTONCES ERA EL JEFE DE ZONA DE EMERGENCIA, DICTÓ UN BANDO QUE CONTEMPLABA ESTADO DE EMERGENCIA Y TOQUE DE QUEDA POR VARIOS DÍAS.

LA DC ACUSÓ CONSTITUCIONALMENTE A JOSÉ TOHÁ, POR SU RESPONSABILIDAD EN LOS LAMENTABLES HECHOS DE LA MARCHA DE LAS CACEROLAS VACÍAS.

20 DE DICIEMBRE DE 1971.

LOS CONFLICTOS DE LA UP SE HABÍAN AGUDIZADO. ALLENDE FUE AMENAZADO POR LA DERECHA Y CUESTIONADO POR PARTE DE LA IZQUIERDA MÁS EXTREMA, QUE SENTÍA QUE EL PROCESO REVOLUCIONARIO ERA LENTO.

EL SECTOR MÁS DURO DE LA DC ACUSÓ A TOHÁ DE TOLERAR GRUPOS ARMADOS (INCLUÍAN EN LA CATEGORÍA AL GRUPO DE AMIGOS DEL PRESIDENTE, LOS GAP) Y DE ALTERAR EL DERECHO DE REUNIÓN. TOHÁ ARRIESGABA SUSPENSIÓN.

LA DC DIO OTRO GOLPE BAJO A LA UP LOGRANDO QUE SE ADOPTARA UNA REFORMA CONSTITUCIONAL QUE RESTRINGÍA LOS ALCANCES DEL ARTÍCULO 520 EN EL QUE EL GOBIERNO SE HABÍA APOYADO PARA NACIONALIZAR DIVERSAS EMPRESAS.

DESDE ESE MOMENTO, CUALQUIER EMBARGO DEBERÍA SER RATIFICADO POR AMBAS CÁMARAS.

PERO PARADÓJICAMENTE EL GOBIERNO NO TENÍA MAYORÍA EN ELLAS.

SI EL PRESIDENTE SE NEGABA A PROMULGAR ESA REFORMA Y EL CONGRESO RECHAZABA EL VETO PRESIDENCIAL, ALLENDE TENÍA UNA ÚNICA SALIDA...

CONVOCAR A UN PLEBISCITO.

LOS PARTIDOS DE LA UP ELABORARON UN DOCUMENTO, "DECLARACIÓN DE DICIEMBRE", QUE FUE LEÍDO POR LA SENADORA SOCIALISTA MARÍA ELENA CARRERA EN UN MITIN EN LA PLAZA BULNES DE SANTIAGO.

HEMOS HECHO A CHILE DUEÑO DE SU GRAN RIQUEZA, CONSTITUIDA POR LA MAYOR RESERVA DE COBRE DEL MUNDO...

LE DEVOLVIMOS EL SALITRE POR EL QUE DIO LA VIDA BALMACEDA; EXTENDIMOS LA REFORMA AGRARIA.

MARÍA ELENA CARRERA, SENADORA SOCIALISTA, 20 DE DICIEMBRE DE 1971.

ROMPIMOS EL NUDO GORDIANO DE LA DOMINACIÓN DE LOS PLANES FINANCIEROS EN LOS BANCOS Y HEMOS PUESTO BAJO EL CONTROL DE LA SOCIEDAD GRANDES EMPRESAS MONOPÓLICAS.

LO DECIMOS UNA VEZ MÁS: NOS ENORGULLECEMOS DE CUANTO HEMOS HECHO.

HA HABIDO DESABASTECIMIENTOS PARCIALES. LOS QUE ANTES DEL GOBIERNO POPULAR LUCRABAN CON EL HAMBRE DEL PUEBLO...

SIGUEN TRATANDO DE EXTORSIONAR Y ESPECULAR A COSTA DE LA MAYOR CAPACIDAD ADQUISITIVA DE LOS SUELDOS Y SALARIOS.

LAS PROPIAS MASAS POPULARES SE ENCARGARÁN DE EVITARLO A TRAVÉS DE SU CONTROL Y DENUNCIA.

DENUNCIAMOS LA CONSPIRACIÓN INTERNACIONAL CONTRA LA INDEPENDENCIA DE LA PATRIA, QUE MANEJAN DESDE LAS SOMBRAS LOS MONOPOLIOS QUE PERDIERON SUS GRANDES MINAS EN CHILE.

ACUSAMOS A LOS AGENTES INTERNOS DE LA SEDICIÓN, DE ESTAR AL SERVICIO DE ESOS ENEMIGOS FORÁNEOS.

EL PUEBLO DICE ROTUNDAMENTE QUE NO LO TOLERARÁ. EL PROCESO DE CAMBIOS NO TIENE RETORNO.

HOY, EN CADA ORGANIZACIÓN POPULAR, QUE LO SEPAN LOS REACCIONARIOS Y LOS FASCISTAS, SOMOS MILES Y MILES DE HOMBRES Y MUJERES QUE ESTAMOS DISPUESTOS...

A OFRENDAR LA VIDA PARA DEFENDER LA DIGNIDAD, LA LIBERTAD Y EL PORVENIR DE CHILE.

¡NO NOS MOVERÁN! ¡CHILE CONTINUARÁ SIENDO CHILE!

¡SEGUIREMOS ADELANTE! ¡VENCEREMOS!

"SI LA OPOSICIÓN QUIERE EL PLEBISCITO, LO TENDRÁ", ASEGURÓ ALLENDE.

LA HUELGA DE LOS OBREROS DE CHUQUICAMATA RECHAZABA UN REAJUSTE DEL 22%.

EL MINISTRO DE MINERÍA, ORLANDO CANTUARIAS, ACUSÓ A REVISTA ERCILLA DE ALENTAR EL PARO Y LA UP ORDENÓ NO CURSAR EL PAGO DE 12 MILLONES DE DÓLARES A LAS COMPAÑÍAS DE COBRE NORTEAMERICANAS.

EL CONFLICTO AUMENTABA. EL GOBIERNO SOCIALISTA DABA LA IMPRESIÓN DE ESTAR EN PERMANENTE DISCUSIÓN CON SUS TRABAJADORES.

EL 16 DE ENERO LA UP IBA A ENFRENTAR ELECCIONES PARCIALES PARA UN SENADOR Y UN DIPUTADO EN DOS PROVINCIAS. LA DERECHA Y EL PDC PREPARABAN UNA ARREMETIDA CONJUNTA.

LA RUPTURA ENTRE EL CENTRO POLÍTICO Y LA UP FUE EVIDENTE. LAS DECLARACIONES DEL RECIENTEMENTE PRESIDENTE ELECTO DE LA DEMOCRACIA CRISTIANA, RENÁN FUENTEALBA, FUERON CLARAS.

COBRE CHUQUICAMATA

¿VAN USTEDES A NEGAR A ALLENDE "EL PAN Y LA SAL", DESPUÉS DE REPROCHAR A LA IZQUIERDA QUE HUBIESE HECHO LO MISMO DURANTE LA PRESIDENCIA DE FREI?

NUESTRA ACUSACIÓN CONTRA EL MINISTRO TOHÁ ES ÚNICAMENTE UNA LLAMADA DE ATENCIÓN PARA QUE RECTIFIQUE UNA POLÍTICA ERRÓNEA...

PERO EN EL CASO DE UN GOLPE MILITAR, DESDE LUEGO QUE ESTARÍAMOS AL LADO DEL GOBIERNO SIN NINGÚN TIPO DE RESERVA.

1972
"Pinochet parece un militar común, amistoso,
de pocas luces, totalmente imbuido en el nuevo campo
de seguridad, orden público y acontecer político.
Y que claramente disfruta sentirse importante."
Cable secreto de la CIA

OIGA... YO TENGO MÁS AÑOS QUE USTED, MÍSTER, Y LE DIGO:

CUÍDESE DE ESA CABRITA. ES LINDA, PERO LO VA HACER PURO SUFRIR NO MÁS. ACUÉRDESE DE MÍ.

ORVIDA MI CARIÑO QUE YO TE ORVIDÉ...

NO ES LO QUE PIENSAS, PERO GRACIAS POR EL CONSEJO. ESTARÉ LISTO EN UNA HORA.

DESPUÉS DE UNA PILSEN ESTARÉ AQUÍ, MÍSTER.

DURANTE 1971 EL PIB EN CHILE CRECIÓ UN 9%, EL COMERCIO Y LA INDUSTRIA UN 16% Y EL DINERO CIRCULANTE LLEGÓ A UN 113%. LA INFLACIÓN BAJÓ DE 35 A UN 22%.

TODO PARECÍA IR BIEN, PERO PRONTO COMENZARON LOS RACIONAMIENTOS...

EN TODAS PARTES SURGIERON LAS COLAS Y EN EL BARRIO ALTO DE LA CIUDAD, LOS CACEROLAZOS.

HELADOS-SAVORY

23 DE ENERO DE 1972.

LA REVOLUCIÓN SIN ARMAS DE ALLENDE PASABA POR UNA DIFÍCIL PRUEBA.

EL DC EDUARDO FREI CRITICÓ DURAMENTE LO QUE CALIFICÓ COMO ERRORES ECONÓMICOS DEL GOBIERNO.

ALLENDE NO TENÍA POSIBILIDADES EN EL PARLAMENTO, EN DONDE SE TOPABA CON UNA PODEROSA DEMOCRACIA CRISTIANA, CUYA RUPTURA CON LA UP SE AGUDIZABA DÍA A DÍA.

LA EXTREMA IZQUIERDA TAMPOCO ESTABA CONFORME. PARA LOS MAOÍSTAS DEL PARTIDO COMUNISTA REVOLUCIONARIO...

EL GOBIERNO ERA REVISIONISTA Y SUS REFORMAS UN MAQUILLAJE AL SERVICIO DE LA BURGUESÍA.

PARA EL MIR, ESTA REVOLUCIÓN PACÍFICA Y LEGALISTA ERA UNA FARSA.

EL 16 DE ENERO SE REALIZARON DOS ELECCIONES PARCIALES EN CHILE (DE DIPUTADO POR LINARES Y DE SENADOR POR O'HIGGINS).

EN AMBAS TRIUNFÓ LA OPOSICIÓN.

LA UP PASÓ POR SU MAYOR CRISIS HASTA ESE MOMENTO, MIENTRAS SUS OPOSITORES ERAN UNA FUERZA QUE SE REAGRUPABA.

EL 20 DE ENERO TODO EL GABINETE DE ALLENDE RENUNCIÓ.

EL 22, EL SENADO APROBÓ LA ACUSACIÓN CONSTITUCIONAL EN CONTRA DEL MINISTRO DEL INTERIOR, JOSÉ TOHÁ, DESTITUYÉNDOLO DEL CARGO.

EN ESTE ESCENARIO LA DECISIÓN DE ALLENDE ERA COMPLEJA.

TAL VEZ FUESE CIERTA LA TESIS QUE SOSTENÍA QUE LA VÍA CHILENA AL SOCIALISMO...

NO PODÍA MODIFICAR VERDADERAMENTE LAS ESTRUCTURAS SOCIALES...

MIENTRAS SE EMPEÑARA EN SEGUIR RESPETANDO LAS REGLAS DEL JUEGO DEMOCRÁTICO.

QUE ERA JUSTAMENTE LA RAZÓN POR LA QUE SE HABÍA GRANJEADO LA ATENCIÓN, Y EN ALGUNOS CASOS...

HASTA LA SIMPATÍA DE MUCHOS...

EN FEBRERO DE *1972* ALLENDE REESTRUCTURÓ SU GABINETE.

HERNÁN DEL CANTO REEMPLAZÓ AL DESTITUIDO TOHÁ, QUE SE SUMÓ A DEFENSA.

LA NOVEDAD: EL PARTIDO DE IZQUIERDA RADICAL (PIR) SE SUMABA AL GOBIERNO.

LA AGRESIÓN EXTERNA TENÍA UN BUEN EJEMPLO EN EL EMBARGO DE BIENES CHILENOS EN ESTADOS UNIDOS POR PARTE DE LA BRADEN COOPER Y LA ANACONDA COMPANY.

EL MOMENTO QUE LAS COMPAÑÍAS NORTEAMERICANAS HAN ESCOGIDO PARA HACER EFECTIVO EL EMBARGO COINCIDE CURIOSAMENTE CON LA RENEGOCIACIÓN DE LA DEUDA EXTERNA EN PARÍS.

EDUARDO NOVOA MONREAL. PRESIDENTE DE CONSEJO DE DEFENSA DEL ESTADO.

ALLENDE ENFRENTABA EL PROYECTO DE REFORMA CONSTITUCIONAL HAMILTON-FUENTEALBA DE LA DEMOCRACIA CRISTIANA...

QUE BUSCABA FRENAR LAS EXPROPIACIONES Y ESTATIZACIONES POR PARTE DEL EJECUTIVO.

EL *19* DE FEBRERO ESTAS MODIFICACIONES FUERON APROBADAS.

NOS PROPONEMOS RESTABLECER EL IMPERIO DE LA LEGALIDAD; REEMPLAZAR LA VOLUNTAD ARBITRARIA DE LA BUROCRACIA DE TURNO, POR LA NORMA LEGAL.

JUAN HAMILTON, SENADOR DC.

NO DEVOLVEREMOS LAS FÁBRICAS NACIONALIZADAS.

PEDRO VUSKOVIC, MINISTRO DE ECONOMÍA.

EL OBJETIVO FINAL ES DESPOJAR AL GOBIERNO DEL MEDIO LEGAL MÁS IMPORTANTE QUE HA USADO PARA CREAR EL ÁREA SOCIAL.

ORLANDO MILLAS, DIPUTADO COMUNISTA.

ANTES DE QUE EL GOBIERNO TERMINARA DE RECUPERARSE DE ESTE DURO GOLPE Y SE PREPARARA PARA EL CONTRAATAQUE, LLEGABA LA PRIMERA PRUEBA DE LA AMENAZA EXTERNA:

LAS ESCANDALOSAS REVELACIONES DE LA CONSPIRACIÓN DE LA CIA Y LA ITT.

21 DE MARZO DE 1972.

EL PERIODISTA NORTEAMERICANO JACK ANDERSON REVELÓ MEMORÁNDUM SECRETOS DE LA INTERNATIONAL TELEPHONE AND TELEGRAPH CORPORATION (ITT)

Y DESTAPÓ LA INTRIGA ORQUESTADA POR DICHA EMPRESA, LA CIA, LA CASA BLANCA Y OFICIALES DE LA EMBAJADA.

LOS DOCUMENTOS SECRETOS QUE SE SALVARON DE SER TRITURADOS DEMUESTRAN QUE LA ITT SE COMUNICABA DE FORMA REGULAR CON LA CIA...

Y QUE EN ALGÚN MOMENTO CONSIDERÓ PROVOCAR UN GOLPE MILITAR PARA DETENER LA ELECCIÓN DE ALLENDE.

¡CIA CONFIESA INTERVENCIÓN EN CHILE!

Sabotaje... Dolares al...

INSOLENTE Y DESCARADA INTROMISIÓN YANQUIS INCITAN AL GOLPE EN CHILE

¡Publican documentos en EE.UU.!

VIAUX RECIBIA PLATA Y ORDENES DE LA CIA

señalan los documentos: Frei y El Mercurio "claves" para la acción de la ITT

EL COMPLOT NO ES MÁS QUE UNA CORTINA DE HUMO POR PARTE DEL GOBIERNO.

OSVALDO OLGUÍN, VICEPRESIDENTE DC.

75 BROAD STREET, MANHATTAN. CASA CENTRAL DE LA ITT.

LA INDIGNACIÓN DE LA IZQUIERDA CHILENA REAFIRMÓ SUS SOSPECHAS...

DE OPERACIONES ENCUBIERTAS DEL GOBIERNO NORTEAMERICANO.

EL ESCÁNDALO ACABÓ CON LA SUPUESTA NEUTRALIDAD DE NIXON. ALLENDE ANUNCIÓ LA EXPROPIACIÓN DE LAS ACCIONES DE LA ITT EN EL PAÍS.

EL CONGRESO DE ESTADOS UNIDOS INICIÓ UNA SERIE DE INVESTIGACIONES SOBRE LAS OPERACIONES ENCUBIERTAS DE LA CIA EN CHILE Y LAS ACCIONES ANTI-ALLENDISTAS DE LA ITT.

27 DE MARZO DE 1972.

UNA NUEVA TORMENTA SE DESATÓ CUANDO EL MINISTRO DEL INTERIOR, HERNÁN DEL CANTO, REVELÓ UN COMPLOT EN EL QUE ESTABAN INVOLUCRADOS, ENTRE OTROS...

SE HA DEMOSTRADO QUE LOS CONSPIRADORES PRETENDÍAN ASESINAR AL PRESIDENTE DE LA REPÚBLICA; RESCATAR A VIAUX DE LA PENITENCIARÍA Y ASALTAR LA MONEDA.

PABLO RODRÍGUEZ, DE PATRIA Y LIBERTAD, EL COMANDANTE ARTURO MARSHALL Y EL GENERAL ALBERTO GREEN.

EDUARDO PAREDES, DIRECTOR GENERAL DE INVESTIGACIONES.

EL DÍA FIJADO ERA EL VIERNES PASADO, DESPUÉS DE LA MARCHA, CUANDO, LUEGO DE ASESINAR AL PRESIDENTE ALLENDE...

LOS CONJURADOS IMPLANTARÍAN UNA DICTADURA MILITAR CON LOS ELEMENTOS QUE SE REQUISARON EN LOS ALLANAMIENTOS A LAS SEDES DE PATRIA Y LIBERTAD.

LA DC SOLICITÓ UNA SESIÓN EXTRAORDINARIA DEL PARLAMENTO PARA QUE EL GOBIERNO EXPLICARA LA PROHIBICIÓN DE LAS DOS ÚLTIMAS MANIFESTACIONES DE LA OPOSICIÓN.

LAS NEGOCIACIONES SOBRE LA REFORMA CONSTITUCIONAL ESTABAN VARADAS. SI EL CONFLICTO ENTRE EL EJECUTIVO Y EL LEGISLATIVO NO SE ZANJABA, OBLIGARÍA A UN REFERÉNDUM O AL ARBITRAJE DEL TRIBUNAL CONSTITUCIONAL.

LA UP DEBIÓ ENFRENTAR UNA NUEVA CRISIS EN EL GABINETE POR LAS RENUNCIAS DE LOS MINISTROS DEL PARTIDO DE IZQUIERDA RADICAL (PIR)...

FRACCIÓN MODERADA DEL RADICALISMO, QUE SE OPUSIERON AL VETO DEL EJECUTIVO SOBRE REFORMAS ECONÓMICAS QUE, SEGÚN ELLOS, LESIONABA A GRANDES SECTORES DEL PAÍS.

EN ABRIL DE 1972 SE PUBLICÓ UN LIBRO CON LOS DOCUMENTOS SECRETOS DE LA ITT EN UNA EDICIÓN BILINGÜE...

DOCUMENTOS SECRETOS de la ITT

A CARGO DE ESPECIALISTAS MIEMBROS DE LOS ESTADOS MAYORES DE LAS FUERZAS ARMADAS Y FUNCIONARIOS GUBERNAMENTALES.

EL LIBRO SE IMPRIMIÓ EN LA EDITORIAL QUIMANTÚ...

"SOL DEL SABER" EN LENGUA MAPUDUNGÚN.

¿A QUÉ ATRIBUYEN EL ÉXITO DE QUIMANTÚ?

HUMM... A LA MÍSTICA, AL COMPROMISO, A LA DEMOCRACIA INTERNA.

A LA VISIÓN CULTURAL DE LA UNIDAD POPULAR. NO HAY OTRA EXPLICACIÓN.

DEJÉ A LOS ENTUSIASTAS DIBUJANTES.

ANTES DE IRME, ME REGALARON UN NÚMERO ESPECIAL DE LA FIRME.

La FIRME

ERA UNA HISTORIETA REALIZADA POR OTRO EQUIPO DE DIBUJANTES DE QUIMANTÚ SOBRE EL ESCÁNDALO DE LA ITT Y LOS AVATARES DE UN PERIODISTA EXTRANJERO EN CHILE.

ME PARECIÓ UNA IRÓNICA Y DIVERTIDA COINCIDENCIA.

¡CLIK!

¡CLIK!

MILES DE OBREROS Y VOLUNTARIOS CONSTRUYERON, EN TURNOS AGOTADORES, EL EDIFICIO DE LA TERCERA CONFERENCIA MUNDIAL DE COMERCIO Y DESARROLLO DE LAS NACIONES UNIDAS (UNCTAD).

EL LLAMADO "SINDICATO DE LOS PAÍSES POBRES".

BAUTIZADO COMO CENTRO CULTURAL METROPOLITANO GABRIELA MISTRAL, DURANTE EL GOBIERNO DE ALLENDE...

EL EDIFICIO FUE USADO INCLUSO COMO COMEDOR POPULAR.

EN PARALELO, EL CONFLICTO POR LOS VETOS DEL PRESIDENTE SOBRE LA NACIONALIZACIÓN DE LOS MONOPOLIOS ECONÓMICOS SE HABÍA ACENTUADO.

EL VETO, QUE SERÍA LUEGO RECHAZADO POR EL PARLAMENTO, BUSCABA DESPOJAR A ALLENDE DE SUS ATRIBUCIONES PRESIDENCIALES.

SI ALLENDE REHUSABA HACER UN PLEBISCITO PARA SUPERAR EL CONFLICTO...

LA DERECHA PRESENTARÍA UNA ACUSACIÓN CONSTITUCIONAL QUE PODÍA DESTITUIRLO.

EL GOLPE DE ESTADO LEGAL.

5 DE AGOSTO DE 1972.

RENÉ FERNANDO SARAVIA, OBRERO DE 22 AÑOS DE LO HERMIDA, MURIÓ A MANOS DE LA POLICÍA...

CASA O MUERTE MIR...

MIR REVOLUCIÓN

QUE BUSCABA A UN MIEMBRO DEL GRUPO DE ULTRAIZQUIERDA, EJÉRCITO DE LIBERACIÓN NACIONAL.

POBLADORES MARGINADOS, PROCLIVES A LA ULTRAIZQUIERDA Y CANSADOS DE LAS PROMESAS REFORMISTAS...

VEÍAN EN LA ACCIÓN DIRECTA LA ÚNICA VÍA POSIBLE.

7 DE AGOSTO DE 1972.

QUÉ MÁS QUISIERA YO, CAMARADAS, QUE DEVOLVERLE LA VIDA AL COMPAÑERO CAÍDO.

ME PREGUNTAN, ¿QUÉ QUISIERA YO? QUE NO HUBIERA OCURRIDO LO QUE OCURRIÓ.

EN UNA DE SUS SALIDAS A TERRENO VISITÓ A LOS POBLADORES DE LO HERMIDA, ENCABEZADOS POR EL DIRIGENTE VECINAL OSVALDO ROMO...

MILITANTE DE LA UNIÓN SOCIALISTA POPULAR (USOPO).

LO HERMIDA.

FUI PORQUE CLAUDIA INSISTIÓ EN QUE TENÍA QUE CONOCER UNA "POBLACIÓN CALLAMPA".

"MIRA DE FRENTE LA REALIDAD. ES UNA BOFETADA", ME DIJO.

Y TENÍA RAZÓN. ERA UNA BOFETADA MUY DURA.

DOLOROSA.

INAPELABLE.

LOS POBLADORES...

¡CLIK!

BAUTIZABAN SUS CAMPAMENTOS CON NOMBRES ELOCUENTES.

VIETNAM HEROICO, CHÉ GUEVARA, NUEVA LA HABANA, CARLOS MARX, BATALLA DE LA PRODUCCIÓN.

AQUÍ, EN COMBATE DIARIO CONTRA LA POBREZA...

SURGIERON LÍDERES COMO OSVALDO ROMO, EL COMANDANTE RAÚL.

SIN LA LUCHA DE HOMBRES GENEROSOS COMO ÉL...

¡CLIK!

YA NO HABÍA ESPERANZA.

¡CLIK!

18 DE AGOSTO DE 1972

"HA QUEDADO DESCUBIERTA LA ESCAREADA POLÍTICA ECONÓMICA MARXISTA...

La Segunda

ÚLTIMA HORA

JUNTEN RABIA CHILENOS

¡EL ACABOSE!

El Paraíso marxista nos regala nuevas alzas

Harina       Eº 3.90 kilo (tarro grande)
Pan          6.40                      104.70
Harinilla    1.10      Leche Condens.  8.50

QUE ESTÁ DESMANTELANDO AL PAÍS Y CONDUCIÉNDOLO ACELERADAMENTE A UNA RUINA...

QUE NI LOS MÁS ENCONADOS ENEMIGOS DEL SOCIALISMO PUDIERON HABER IMAGINADO". DIARIO LA SEGUNDA.

LA DC EMPLAZÓ A ALLENDE: "USTED ES EL PRINCIPAL RESPONSABLE DE LO QUE ESTÁ SUCEDIENDO EN ESTE MOMENTO".

21 DE AGOSTO DE 1972.

PUNTA ARENAS: EL COMERCIANTE MANUEL AGUILAR MURIÓ EN UN INCIDENTE CON LAS FUERZAS DE ORDEN. EL COMERCIO CERRÓ EN SEÑAL DE DUELO.

SANTIAGO: VIOLENTOS INCIDENTES SE PRODUJERON CUANDO LA DIRECCIÓN DE INDUSTRIA Y COMERCIO (DIRINCO) ORDENÓ DESCERRAJAR NEGOCIOS.

LA PROVINCIA DE SANTIAGO FUE DECLARADA EN ESTADO DE EMERGENCIA HASTA EL 28 DE AGOSTO.

LAS EMBAJADAS DE LA UNIÓN SOVIÉTICA Y CUBA, Y LAS CASAS DEL SECRETARIO GENERAL DEL PS, DE LA MINISTRA DEL TRABAJO Y DEL DE ECONOMÍA, FUERON ATACADAS POR GRUPOS PARAMILITARES.

EL 24 DE AGOSTO, EL MAPU LLAMÓ A MOVILIZARSE CONTRA LA ESCALADA FASCISTA.

27 DE AGOSTO DE 1972

EL GOBIERNO CREE QUE LOS REACCIONARIOS NO QUIEREN LA GUERRA CIVIL Y POR ESO NOS HAN PEDIDO QUE CONTENGAMOS A LOS OBREROS...

PERO NO PODREMOS SEGUIR CONTENIÉNDONOS POR MUCHO MÁS TIEMPO. Y SI ELLOS MAÑANA SACAN 100 A LA CALLE, NOSOTROS SACAREMOS 1.000.

SE DESTAPÓ EL PLAN SEPTIEMBRE. COMPLOT DE LA CIA, MONOPOLIOS INTERNACIONALES, EL PN, PATRIA Y LIBERTAD Y PARTE DE LA DC PARA DERROCAR AL GOBIERNO.

CARLOS ALTAMIRANO, SECRETARIO GENERAL DEL PS.

31 DE AGOSTO DE 1972

"ME HORRORIZO CUANDO OIGO AFIRMAR QUE AQUÍ ESTAMOS PRÓXIMOS A UNA GUERRA CIVIL; UNA GUERRA CIVIL, AUNQUE LA GANÁRAMOS –Y TENDRÍAMOS QUE GANARLA– SIGNIFICARÍA QUE QUEDARÍAN MARCADAS GENERACIONES."
SALVADOR ALLENDE

4 DE SEPTIEMBRE: "SI LOS PAÍSES PUDIERAN QUEBRAR, TENDRÍAMOS QUE DECIR QUE EL NUESTRO ESTÁ QUEBRADO", ORLANDO SÁENZ, PRESIDENTE DE LA SOCIEDAD DE FOMENTO FABRIL, SOFOFA, EL MERCURIO.

4 DE SEPTIEMBRE: "CON UN PARO NACIONAL CONTRA EL FASCISMO Y LA ESCALADA SEDICIOSA LOS TRABAJADORES DE CHILE CELEBRAN, EN ACTITUD VIGILANTE Y DE COMBATE." EL SIGLO.

LA OPOSICIÓN PREPARABA EL AMBIENTE PARA LA POSIBILIDAD CADA VEZ MÁS CIERTA DE UN GOLPE DE ESTADO.

NO ME MIRE. SIGA CAMINANDO Y PÉGUESE A LA PARED. ¡RÁPIDO!

TENGO POCO DINERO, PUEDE TOMAR LO QUE...

NO LE HARÉ DAÑO SI SE PORTA BIEN SR. NITSCH. SÉ PERFECTAMENTE QUIÉN ES.

NO SOY EL ÚNICO INTERESADO EN USTED...

¿QUÉ... QUÉ QUIERE DECIR?

HOY ELLOS NO LO VIGILAN, SÓLO YO. CÁLLESE Y ESCUCHE. SOY SU ÚNICO AMIGO EN ESTE JUEGO. TOME. UN REGALO.

ES PARTE DE UNA OPERACIÓN SECRETA MAYOR: EL PROYECTO FUBELT QUE ESTÁ EN MARCHA DESDE SEPTIEMBRE DEL 70.

¿DE QUÉ ESTÁ HABLANDO?

NO SEA INGENUO. LE HABLO DE LA AGENCIA.

¿POR QUÉ ME DICE ESTO?

PERIODISTA DE CONFIANZA. IDEALISTA NEUTRAL, AUNQUE A RATOS CLAUDIA Y JOSÉ LO TIENTAN A INCLINAR LA BALANZA.

¿QUIÉN ES? ¿QUÉ QUIERE DE MÍ?

NADIE. NO EXISTO.

SI QUIERE VERME, DEJE UNA NOCHE LAS CORTINAS ABIERTAS DE SU DEPARTAMENTO. VIGILE SUS PASOS.

CUIDE LO QUE DICE POR TELÉFONO. MI REGALO ES UN ADELANTO PARA QUE CONFÍE EN MÍ.

ERA UN CABLE SECRETO DE LA OFICINA DE LA CIA EN CHILE, FECHADO EL 19 DE OCTUBRE DE 1970.

UNA BOMBA DE TIEMPO EN MIS MANOS.

INVOLUCRABA A LA AGENCIA EN EL ASESINATO DEL GENERAL SCHNEIDER.

SI ERA CIERTO...

¿QUÉ MIERDA HACÍA YO CON ESO?

LOS CORDONES INDUSTRIALES ERAN UN FENÓMENO INÉDITO DEL NIVEL DE ORGANIZACIÓN DE LOS TRABAJADORES CHILENOS.

ERAN GRUPOS DE TRABAJADORES DE FÁBRICAS Y EMPRESAS QUE COORDINABAN ACCIONES CONJUNTAS: OCUPABAN CALLES, CONTROLABAN LA PRODUCCIÓN Y ORGANIZABAN ASAMBLEAS.

NO LAS CREÓ EL GOBIERNO, PERO TENÍAN SU RESPALDO.

DE ALGÚN MODO ERAN LA ENCARNACIÓN VIVA DEL LLAMADO PODER POPULAR, LA VERDADERA REVOLUCIÓN DESDE ABAJO.

¿ERA POSIBLE QUE HUBIERA INFILTRADOS ENTRE ESTOS HOMBRES?

CORDON-CERRILLOS

8 DE OCTUBRE DE 1972.

12 MIL CAMIONEROS INICIABAN EL PRIMER GRAN GOLPE DE LA OPOSICIÓN: EL PARO DE OCTUBRE.

LA HUELGA, MÁS POLÍTICA QUE SINDICAL, FUE LIDERADA POR RAFAEL CUMSILLE (REPRESENTANTE DE LOS COMERCIANTES) Y LÉON VILARÍN (REPRESENTANTE DE LOS CAMIONEROS).

CUATRO DÍAS MÁS TARDE, EL GOBIERNO DECRETABA ESTADO DE EXCEPCIÓN EN 13 PROVINCIAS DEL PAÍS.

LA EXTREMA DERECHA SABOTEÓ LA VÍA FÉRREA ENTRE SANTIAGO Y VALPARAÍSO, BUSCANDO PARALIZAR AL PAÍS.

EL MIR LLAMÓ A HACER DE CADA FÁBRICA Y BARRIO "UN BASTIÓN CONTRA EL FASCISMO".

LA KENNECOTT EMBARGÓ EXPORTACIONES DE COBRE CHILENO EN EL EXTERIOR.

LOS GRUPOS DERECHISTAS Y LAS ORGANIZACIONES DE BASE Y CORDONES INDUSTRIALES DE LA IZQUIERDA ESCAPARON AL CONTROL DE SUS CÚPULAS POLÍTICAS.

LAS PÉRDIDAS FUERON MILLONARIAS, PERO EL GOBIERNO SE MANTUVO FIRME ANTE LAS AMENAZAS LOCALES Y LA AGRESIÓN EXTERNA.

¿HASTA DÓNDE IBA A SER CAPAZ DE LLEGAR LA OPOSICIÓN?

CON UN PAÍS FRACTURADO, ALLENDE SORPRENDIÓ A TODOS CUANDO, EN NOVIEMBRE, SUMÓ A LOS MILITARES A SU GOBIERNO.

Cine Gran Palu
HOY CANTATA QUILAPAYUN SANTA MARIA DE IQUIQUE

OCTUBRE. JUEVES EN LA NOCHE.

VAMOS MUJER, PARTAMOS A LA CIUDAD. TODO SERÁ DISTINTO, NO HAY QUE DUDAR...

LLEVAS DOS AÑOS EN CHILE, JOHN, ¿QUÉ CREES QUE VA A OCURRIR CON NOSOTROS?

ES DIFÍCIL HACER POLÍTICA FICCIÓN. SI LA UP...

NO. HABLO DE NOSOTROS.

TARDE O TEMPRANO VA A OCURRIR, ¿NO?

YO ME IRÉ Y TÚ NO QUERRÁS MARCHARTE.

NO TENEMOS FUTURO.

CIERTO, PERO HOY EL FUTURO NO ME IMPORTA PARA NADA.

14 DE OCTUBRE DE 1972.

JOAN GARCÉS, CIENTISTA POLÍTICO ESPAÑOL Y ASESOR IDEOLÓGICO DE ALLENDE, ENTREVISTADO EN *EL MERCURIO*.

EN UN PROCESO REVOLUCIONARIO, EL TÉRMINO PACÍFICO ES EQUÍVOCO EN CUANTO A QUE PARECE DAR A ENTENDER QUE NO HABRÍA VIOLENCIA, SIENDO ASÍ QUE EN TODO PROCESO...

SE GENERA Y DESARROLLA UNA SERIE DE TENSIONES SOCIALES QUE, QUIÉRASE O NO, REPRESENTAN PRESIONES VIOLENTAS SOBRE LOS INTERESES DE CLASES.

DESDE EL PUNTO DE VISTA INTELECTUAL Y TEÓRICO, ENCUENTRO QUE EL MODO COMO SE HA GENERADO ...

Y SE ESTÁ GENERANDO EL PROCESO REVOLUCIONARIO EN CHILE ES UNO DE LOS MÁS APASIONANTES DEL MOMENTO ACTUAL EN EL MUNDO.

EL 16 DE OCTUBRE LA RADIO NUEVO MUNDO FUE CLAUSURADA POR INFRINGIR LA CADENA NACIONAL OBLIGATORIA AL "DESCOLGARSE" DE ELLA E INCITAR AL PARO DE TRANSPORTISTAS.

EL 23 DE OCTUBRE, PIERRE KALFON, CORRESPONSAL FRANCÉS DE *LE MONDE* EN CHILE, ESCRIBIÓ:

"LA BURGUESÍA CHILENA (...) DISPONE DE MÁS EMISORAS DE RADIO, DE MÁS PERIÓDICOS QUE SUS ADVERSARIOS Y DE UNA EXPERIENCIA QUE LE PERMITE UTILIZARLOS CON MUCHA MÁS HABILIDAD. SI HAY UN SECTOR POLÍTICO QUE SE TOMA 'LIBERTADES CON LA LIBERTAD' EN CHILE, ÉSE ES LA DERECHA."

22 DE OCTUBRE DE 1972.

LA LEY SOBRE EL CONTROL DE ARMAS Y EXPLOSIVOS PERMITIÓ A LAS FUERZAS POLICIALES Y MILITARES ALLANAR LUGARES EN BUSCA DE ARMAS.

LOS "ULTRAS" DE IZQUIERDA Y DERECHA CRITICARON LA MEDIDA.

ESTE ES EL PRIMER GRAN TRIUNFO OBTENIDO POR QUIENES DESEAN EL IMPERIO DE LA DEMOCRACIA EN CHILE...

PORQUE ESTABLECE LAS BASES PARA IMPEDIR LAS ACCIONES DE FUERZA, Y HACE FE EN LA INDEPENDENCIA DE NUESTRAS FUERZAS ARMADAS.

JUAN DE DIOS CARMONA, SENADOR DEMOCRATACRISTIANO.

ANTE LA DIMISIÓN DE ALGUNOS DE SUS MINISTROS, ALLENDE NOMBRÓ INESPERADAMENTE A TRES MILITARES COMO PARTE DE SU NUEVO GABINETE.

EL CONTRALMIRANTE ISMAEL HUERTA EN OBRAS PÚBLICAS; EL GENERAL DE BRIGADA CLAUDIO SEPÚLVEDA EN MINERÍA...

Y EL PRESTIGIOSO COMANDANTE EN JEFE DEL EJÉRCITO, GENERAL CARLOS PRATS, QUE CONSERVÓ DICHO CARGO Y SE CONVIRTIÓ ADEMÁS EN MINISTRO DEL INTERIOR.

3 DE NOVIEMBRE DE 1972.

LUIS HERNÁNDEZ PARKER, "HACHEPÉ", PRESTIGIOSO COMENTARISTA DEL PROGRAMA RADIAL *TRIBUNA POLÍTICA*.

PARA LA ULTRA IZQUIERDA, LA PRESENCIA DE MILITARES EN EL GABINETE SIGNIFICA QUE "EL GOBIERNO REFORMISTA SE VOLVIÓ CONTRARREVOLUCIONARIO.

TRANSÓ CON LA BURGUESÍA, REPRESENTADA POR LOS ALTOS MANDOS".

PARA LA ULTRA DERECHA, CON LA ENTRADA CASTRENSE SE LE ESCAPÓ EL GOLPE DE ESTADO QUE CREÍA POSIBLE.

ÉSTOS SON LOS EXTREMOS. RETIRADOS ÉSTOS, LA INMENSA MAYORÍA HA RECIBIDO CON ALIVIO AL NUEVO GABINETE...

CUYA IMAGEN ESTÁ REPRESENTADA POR TRES ALTOS OFICIALES DEL MÁS ELEVADO RANGO...

ENCABEZADOS POR EL GENERAL CARLOS PRATS, QUIEN, EN EL COMANDO EN JEFE DEL EJÉRCITO...

FUE REEMPLAZADO POR EL GENERAL PINOCHET, PERO EN CARÁCTER DE SUBROGANTE.

VUELTO EL PAÍS A LA NORMALIDAD, EL GENERAL PRATS Y SUS CAMARADAS DE ARMAS VOLVERÁN A SUS PUESTOS CLAVES EN LAS FUERZAS ARMADAS.

EL 5 DE NOVIEMBRE, PRATS LOGRÓ FRENAR LA HUELGA INICIADA EL 9 DE OCTUBRE.

SOY Y SERÉ LEAL AL GOBIERNO ACTUAL COMO LO FUI CON EL GOBIERNO ANTERIOR.

EL MIR LLAMÓ A RECHAZAR EL GABINETE: "EL VACÍO DE PODER QUE LLENARON LOS MILITARES LO DEBIERAN HABER LLENADO LAS FUERZAS DE LA CLASE OBRERA Y DEL PUEBLO".

PARA EL MIR, LA VÍA CHILENA AL SOCIALISMO DE ALLENDE HABÍA DEGENERADO EN VÍA CASTRENSE.

LOS MILITARES HABÍAN ACEPTADO ENTRAR EN EL JUEGO Y NO ERAN POCOS LOS QUE SE PREGUNTABAN...

GUERRA DEL PACÍFICO 1879 CAMPAÑA DE TARAPACÁ
General División AUGUSTO PINOCHET UGARTE

¿A CAMBIO DE QUÉ?

30 DE NOVIEMBRE DE 1972, MÉXICO.

ALLENDE INICIÓ UNA GIRA AL EXTRANJERO.

DIFUNDIÓ SU PROGRAMA Y BUSCÓ AYUDA CREDITICIA.

EL PRESIDENTE LUIS ECHEVERRÍA RECIBIÓ A ALLENDE, QUE FUE VITOREADO POR UNA CADENA HUMANA DE 16 KILÓMETROS DE LARGO.

2 DE DICIEMBRE DE 1972. UNIVERSIDAD DE GUADALAJARA, MÉXICO.

SER JOVEN Y NO SER REVOLUCIONARIO ES UNA CONTRADICCIÓN HASTA BIOLÓGICA...

PERO IR AVANZANDO EN LOS CAMINOS DE LA VIDA Y MANTENERSE COMO REVOLUCIONARIO, EN UNA SOCIEDAD BURGUESA, ES DIFÍCIL.

4 DE DICIEMBRE DE 1972. ALLENDE HABLA ANTE LA ASAMBLEA GENERAL DE LAS NACIONES UNIDAS, NUEVA YORK.

"VENGO DE CHILE, UN PAÍS PEQUEÑO PERO DONDE HOY CUALQUIER CIUDADANO ES LIBRE DE EXPRESARSE COMO MEJOR PREFIERA...

DE IRRESTRICTA TOLERANCIA CULTURAL, RELIGIOSA E IDEOLÓGICA, DONDE LA DISCRIMINACIÓN RACIAL NO TIENE CABIDA.

NO SÓLO SUFRIMOS EL BLOQUEO FINANCIERO, TAMBIÉN SOMOS VÍCTIMAS DE UNA CLARA AGRESIÓN.

EL MUNDO SE ENTERÓ CON ESTUPOR DE DISTINTOS ASPECTOS DE UN NUEVO PLAN DE ACCIÓN QUE LA MISMA ITT PRESENTARA AL GOBIERNO NORTEAMERICANO, CON EL PROPÓSITO DE DERROCAR A MI GOBIERNO."

PROPONÍA EL ESTRANGULAMIENTO ECONÓMICO, EL SABOTAJE DIPLOMÁTICO, CREAR EL PÁNICO EN LA POBLACIÓN, EL DESORDEN SOCIAL...

PARA QUE AL SER SOBREPASADO EL GOBIERNO, LAS FUERZAS ARMADAS FUERAN IMPULSADAS A QUEBRAR EL RÉGIMEN DEMOCRÁTICO E IMPONER UNA DICTADURA.

ESTAMOS ANTE UN VERDADERO CONFLICTO FRONTAL ENTRE LAS GRANDES CORPORACIONES Y LOS ESTADOS.

ÉSTOS APARECEN INTERFERIDOS EN SUS DECISIONES FUNDAMENTALES POR ORGANIZACIONES GLOBALES QUE NO DEPENDEN DE NINGÚN ESTADO Y QUE NO RESPONDEN NI ESTÁN FISCALIZADAS POR NINGUNA INSTITUCIÓN REPRESENTATIVA DEL INTERÉS COLECTIVO.

SON LOS PUEBLOS, TODOS LOS PUEBLOS AL SUR DEL RÍO BRAVO, QUE SE YERGUEN PARA DECIR:

¡BASTA! ¡BASTA A LA DEPENDENCIA! ¡BASTA A LAS PRESIONES! ¡BASTA A LA INTERVENCIÓN!

YA ERA TIEMPO DE VER LO QUE HABÍA DETRÁS DE LA CORTINA.

ERA HORA DE HABLAR CON MI MISTERIOSO AMIGO.

UNO DE LOS TANTOS AGENTES ENCUBIERTOS, CONOCIDOS TAMBIÉN COMO *FALSE FLAG*, QUE DE SEGURO VIVÍAN EN CHILE POR ESOS DÍAS.

MERCURIO

HOY 21:30 HRS. CINE KING. YO LO BUSCARÉ.

CERCIÓRESE DE QUE NO LO SIGAN.

LO STRANO VIZIO DELLA SIGNORA WARDH

ME ENCANTA EDWIGE FENECH,

¿FALSE FLAG?

VEO QUE NO HA PERDIDO EL SENTIDO DEL HUMOR.

¿POR QUÉ HACE ESTO?

DIGAMOS QUE ME CANSÉ DE QUE LOS GOBIERNOS SUBESTIMEN EL PAPEL DE LOS SERVICIOS DE INTELIGENCIA,

SOBRE TODO CUANDO LA INFORMACIÓN QUE LES DAS NO SE CORRESPONDE CON SUS CREENCIAS.

¿QUÉ HARÁ CON MI REGALO?

NECESITO MÁS, ¿VIENE UN GOLPE? ¿QUIÉNES ESTÁN IMPLICADOS?

SE HAN FRAGUADO MIL GOLPES. TARDE O TEMPRANO UNO FUNCIONARÁ. EL BLOQUEO Y LAS SUBVENCIONES SECRETAS PARA LOS CAMIONEROS...

PATRIA Y LIBERTAD Y EL MERCURIO PREPARAN EL CLIMA, PERO LA AYUDA NO SÓLO VIENE DEL TÍO SAM, BRASIL TAMBIÉN HACE LO SUYO.

¿IMPLICADOS? LOS CONJURADOS SON LEGIÓN.

EMPRESARIOS DE LA SOFOFA QUE SE REÚNEN EN YATES, CONSPIRADORES CON NOMBRES DE FANTASÍA, COMO LA COFRADÍA NÁUTICA DEL PACÍFICO AUSTRAL, POLÍTICOS, MILITARES...

¿TIENE ALLENDE UNA SALIDA?

LOS CUBANOS NO LO CONSIDERAN SUFICIENTEMENTE REVOLUCIONARIO Y PREVÉN SU FRACASO.

LOS RUSOS HACEN LO QUE PUEDEN, PERO SABEN QUE CUALQUIER AYUDA ES UN PARCHE.

LA UP ESTÁ REVENTADA, LA CORRELACIÓN DE FUERZAS ESTÁ EN SU CONTRA. EL JUEGO PARLAMENTARIO DE LA CIA, BAUTIZADO COMO TRACK I, NO RESULTÓ. LA SOLUCIÓN MILITAR DE TRACK II YA ESTÁ EN MARCHA.

¿PRUEBAS DE LOS PAGOS SECRETOS?

PRONTO. MI TRABAJO ES PELIGROSO. NO CONFÍE EN NADIE.

¿CÓMO SÉ QUE NO ES UNA TRAMPA?

INTUICIÓN, SUPONGO. DISFRUTE LA PELÍCULA.

NO ES COSTA-GAVRAS, PERO LA FENECH TIENE LO SUYO.

30 DE DICIEMBRE DE 1972.

LOS MILITARES EN EL GOBIERNO HABÍAN LOGRADO BAJAR TEMPORALMENTE LA TENSIÓN. UNA TREGUA TÁCITA SE INSTALÓ EN EL PAÍS.

LA DC, QUE HABÍA PEDIDO UN GABINETE MILITAR, AHORA HACÍA LA GUERRA AL GENERAL PRATS.

LEÓN VILARÍN, LÍDER TRANSPORTISTA, AMENAZABA CON NUEVAS MOVILIZACIONES.

7 DE DICIEMBRE DE 1972.

EL ABOGADO PABLO RODRÍGUEZ, DE PATRIA Y LIBERTAD, LOGRÓ QUE EL TRIBUNAL MILITAR REBAJARA EN DOS...

LA PENA DE VEINTE AÑOS DEL GENERAL GOLPISTA ROBERTO VIAUX, LÍDER DEL TACNAZO DE 1969.

EL HECHO PROVOCÓ UN ESCÁNDALO.

EN LAS ELECCIONES PARLAMENTARIAS DEL 4 DE MARZO SE RENOVARÍAN 500 DIPUTADOS DE LA CÁMARA BAJA Y LA MITAD DE LOS SENADORES.

LA UP APOSTABA A SUMAR PODER EN EL PARLAMENTO...

Y LA OPOSICIÓN BUSCABA LOS DOS TERCIOS DEL SENADO PARA EL GOLPE DE ESTADO LEGAL: EL VETO DE CENSURA CONSTITUCIONAL CONTRA ALLENDE.

29 DE DICIEMBRE DE 1972.

LA CÁMARA DE DIPUTADOS APROBÓ LA ACUSACIÓN CONSTITUCIONAL CONTRA ORLANDO MILLAS, MINISTRO DE HACIENDA.

ALLENDE INMEDIATAMENTE LO NOMBRÓ INTERINO EN ECONOMÍA.

ES ÉSTA LA SÉPTIMA ACUSACIÓN QUE SE FORMULA CONTRA UN MINISTRO DEL GOBIERNO POPULAR, LO QUE REVELA LA MEDIDA EN QUE SE HA HECHO ESCARNIO DE LAS NORMAS CONSTITUCIONALES.

CREO QUE LA DEFENSA DEL MINISTRO ORLANDO MILLAS DEMOSTRÓ CLARAMENTE QUE ESA ACUSACIÓN CARECÍA DE TODO FUNDAMENTO CONSTITUCIONAL.

LA DERECHA HABÍA RECIBIDO CON BENEPLÁCITO LA INCORPORACIÓN DE PRATS, PERO AHORA VEÍA CON HORROR...

CÓMO EL GENERAL SALÍA EN DEFENSA DE UN MINISTRO COMUNISTA.

EL PAÍS SE TOMABA UN "DESCANSO", PERO ERA INEVITABLE VER LAS PROFUNDAS FISURAS QUE DIVIDÍAN A CHILE.

EN UN PAÍS ATRAPADO EN UN CALLEJÓN SIN SALIDA, DONDE NO CABÍA LA NEUTRALIDAD, LAS PALABRAS DE FALSE FLAG RESULTABAN INQUIETANTES...

"SE HAN FRAGUADO MIL GOLPES."

"TARDE O TEMPRANO UNO FUNCIONARÁ."

1973
"No me acuerdo, pero no es cierto. No es cierto
y si fuera cierto, no me acuerdo."
Augusto Pinochet

ENERO DE 1973.

FERNANDO FLORES, MINISTRO DE HACIENDA, INICIÓ UN RACIONAMIENTO POR BARRIOS A TRAVÉS DE LAS POLÉMICAS JUNTAS DE ABASTECIMIENTO Y PRECIOS (JAP).

LAS JAP SON OTRA FORMA DE PARTICIPACIÓN DE LA CLASE OBRERA. NO SON DE NINGÚN PARTIDO, SON DE CHILE, COMPAÑERO.

"EL MARXISMO HA ARRASADO CON LA ECONOMÍA DEL PAÍS (...) SE PROPONE AHORA ARRASAR LAS PROPIAS LIBERTADES PÚBLICAS." EDITORIAL DE EL MERCURIO, 11 DE ENERO DE 1973.

JAP

TRAMPA COMUNISTA

PARTIDO NACIONAL

UN PARTIDO CHILENO. UN PARTIDO FIRME.

"O LOS BIENES ESCASOS SE REPARTEN EN FORMA EQUITATIVA PARA TODA LA POBLACIÓN O ES UN GRUPO PRIVILEGIADO EL QUE GOZA DE ELLOS...

JAP CONTRA LA MAFIA EL PUEBLO VIGILA

ESTABLECIÉNDOSE DE HECHO UN RACIONAMIENTO CUYA ÚNICA TARJETA ES EL DINERO." MARTA HARNECKER, REVISTA CHILE HOY.

LAS JAP TENSARON LA RELACIÓN ENTRE COMERCIANTES ESTABLECIDOS Y POBLADORES.

SE LAS ACUSÓ DE ALLANAMIENTOS Y PRÁCTICAS ILEGALES, PROVOCANDO CRÍTICAS DE TODOS LOS SECTORES.

EL 4 DE MARZO, 4 MILLONES 600 MIL VOTANTES ESCOGERÍAN A SUS REPRESENTANTES TRAS UNA AGRESIVA CAMPAÑA ELECTORAL.

CODE

LA UP SE ENFRENTABA A UNA OPOSICIÓN QUE SE HABÍA AGRUPADO EN LA CONFEDERACIÓN DEMOCRÁTICA (CODE)

EL MARXISMO NO SERÁ DERROTADO CON SÓLO GANAR AQUELLA ELECCIÓN.

PARA TERMINAR CON ÉL DEBEMOS LUCHAR SIN TEMORES, SIN VACILACIONES, SIN COMPLEJOS NI COBARDÍA.

PABLO RODRÍGUEZ, PATRIA Y LIBERTAD.

QUE NO SE DEJE ENGAÑAR EL PUEBLO, Y LOS QUE NO VAYAN O NO SE ATREVAN A VOTAR...

QUE NO LLOREN DESPUÉS LO QUE NO SUPIERON DEFENDER COMO HOMBRES.

EDUARDO FREI, EX PRESIDENTE DE LA REPÚBLICA Y CANDIDATO AL SENADO.

LAS DIFERENCIAS ENTRE SOCIALISTAS Y COMUNISTAS ERAN NOTORIAS.

CORRÍAN RUMORES DE UN INFORME CONFIDENCIAL DEL MAPU QUE SEÑALABA...

QUE EL PC MODERADO BIEN PODRÍA ACERCARSE A LA DC

LA CONSECUENCIA: UNA RADICALIZACIÓN DE LOS EXTREMOS.

4 DE MARZO DE 1973.

CON MÁS DEL 40% DE LOS VOTOS, EL GOBIERNO AUMENTÓ SU NÚMERO DE DIPUTADOS Y SENADORES, SALVANDO A ALLENDE DEL VETO DERECHISTA.

NI LA CARESTÍA, NI LA INFLACIÓN, NI LAS PUGNAS INTERNAS DERROTARON A ALLENDE.

LA IZQUIERDA CELEBRÓ ESTE HECHO SIN PRECEDENTES.

LA DERECHA ALEGÓ FRAUDE ELECTORAL.

ALGUNOS DE LOS QUE ESPERABAN LA DERROTA DE LA UP, ABANDONARON EL PAÍS.

"EL PUEBLO HA GANADO UNA BATALLA, PERO NO HA GANADO LA GUERRA", CARLOS ALTAMIRANO, SECRETARIO GENERAL DEL PS.

EN SU AFÁN POR NO COMPROMETER SU NEUTRALIDAD, PRATS Y LOS MILITARES ABANDONARON EL GABINETE.

12 DE ABRIL DE 1973.

LA DERECHA, LA IGLESIA Y LAS FUERZAS ARMADAS VIERON LA REFORMA EDUCACIONAL DE LA ESCUELA NACIONAL UNIFICADA (ENU) DE ALLENDE COMO UN INTENTO DE "CONCIENTIZACIÓN" MARXISTA.

EL GOBIERNO POSTERGÓ INDEFINIDAMENTE EL PROYECTO.

18 DE ABRIL: LA OPOSICIÓN ANUNCIÓ NUEVA CENSURA CONSTITUCIONAL CONTRA TODO EL GABINETE DE ALLENDE.

EL CONTROL DE LAS CONCIENCIAS

EL 26 DE ABRIL, POR PRIMERA VEZ LA MONEDA FUE ATACADA CON UNA MOLOTOV. SEDES DEL PC Y EL PS FUERON SAQUEADAS.

27 DE ABRIL DE 1973.

LOS OBREROS DEL CORDÓN INDUSTRIAL SE DECLARARON EN ALERTA.

EL OBRERO JOSÉ AHUMADA MURIÓ AMETRALLADO Y OTROS SEIS RESULTARON HERIDOS AL PASAR FRENTE A LA SEDE DE LA DEMOCRACIA CRISTIANA EN LA CAPITAL.

LUEGO, EN CONFUSO INCIDENTE, MURIÓ UN MIEMBRO DE PATRIA Y LIBERTAD.

DOS DIRIGENTES DE PATRIA Y LIBERTAD FUERON DETENIDOS AL INTENTAR INGRESAR ARMAS DESDE ARGENTINA EN UNA AVIONETA, LA MISMA EN LA QUE ROBERTO THIEME HABÍA "DESAPARECIDO" EL 23 DE FEBRERO.

EL GOBIERNO BUSCÓ EXPROPIAR 93 GRANDES INDUSTRIAS. "ES EL FIN DE LA EMPRESA PRIVADA", DECLARÓ ORLANDO SÁENZ, PRESIDENTE DE LA SOFOFA.

EL 15 DE MAYO DE 1973 SE INICIÓ UNA HUELGA MINERA EN EL TENIENTE Y SE ANUNCIÓ UN NUEVO PARO CAMIONERO.

ERAN FRECUENTES LAS BATALLAS CAMPALES ENTRE OBREROS Y POLICÍAS.

LAS NOTICIAS DE BOMBAZOS, HUELGAS Y ENFRENTAMIENTOS SE REPETÍAN DIARIAMENTE.

EL 7 DE JUNIO DE 1973, EL PRESIDENTE DEL PARTIDO NACIONAL, SERGIO ONOFRE JARPA EXIGÍA ABIERTAMENTE UN CAMBIO DE MANDO...

"SIN UN CAMBIO DE GOBIERNO NO HAY NINGUNA POSIBILIDAD DE DETENER EL PROCESO ACELERADO DE RUINA Y DESINTEGRACIÓN DE CHILE".

LOS LLAMADOS A UN GOLPE DE ESTADO ERAN CADA VEZ MÁS EXPLÍCITOS.

13 DE JUNIO DE 1973: EL SECRETARIO GENERAL DEL PARTIDO SOCIALISTA, CARLOS ALTAMIRANO DECLARABA:

"LA DERECHA TIENE (...) DOS TÁCTICAS (...) UNA, LA DE LOS FASCISTAS ENCABEZADOS POR SERGIO ONOFRE JARPA, QUE QUIERE EL GOLPE HOY, Y LA OTRA, LA DEL DERECHISTA FREI, QUE PRETENDE EL GOLPE EN AGOSTO O SEPTIEMBRE".

EL 27 DE JUNIO, EL GENERAL PRATS PROTAGONIZÓ UN CONFUSO INCIDENTE QUE LO LLEVÓ A UTILIZAR SU ARMA DE SERVICIO EN LA VÍA PÚBLICA.

29 DE JUNIO DE 1973: AL MANDO DEL COMANDANTE ROBERTO SOUPER, UN SECTOR DEL REGIMIENTO BLINDADO Nº2 SE LEVANTÓ EN ARMAS Y A BORDO DE TANQUES LLEGARON A LA MONEDA.

LA ASONADA SE CONOCIÓ COMO EL "TANQUETAZO".

EL CAMARÓGRAFO ARGENTINO LEONARDO HENRICKSEN FILMÓ SU PROPIA MUERTE A MANOS DE UN CONJURADO.

A ESA ALTURA, ALLENDE HACÍA UN LLAMADO DESESPERADO: "QUE EL PUEBLO SALGA A LA CALLE, PERO NO PARA SER AMETRALLADO (...) SI LLEGA LA HORA, ARMAS TENDRÁ EL PUEBLO. PERO YO CONFÍO EN LAS FUERZAS ARMADAS LEALES AL GOBIERNO".

PRATS EN PERSONA SOFOCÓ LA REBELIÓN.

¿ERA ESE INTENTO DE GOLPE UN ENSAYO PARA ACCIONES FUTURAS?

EL 10 DE JULIO, EL DIPUTADO SOCIALISTA MARIO PALESTRO HIZO UN FERVIENTE LLAMADO A SUS PARTIDARIOS: "¡A NOSOTROS NO SE NOS VAN A HACER LOS PANTALONES PARA LA PROVOCACIÓN Y LA GUERRA CIVIL!"

EL 13 DE JULIO, MIGUEL ENRÍQUEZ, DEL MIR, LLAMABA A SOLDADOS Y CARABINEROS A DESOBEDECER A SUS SUPERIORES.

EL 16 DE JULIO, PATRIA Y LIBERTAD ANUNCIÓ SU PASO A LA CLANDESTINIDAD.

ahora
han masacrado
un comandante
mañana
puede ser Ud.

PEDIMOS A LOS DIRIGENTES POLÍTICOS Y ALTOS RESPONSABLES DE LA PATRIA QUE AGOTEN EL DIÁLOGO ENTRE ELLOS... SUGERIMOS UNA TREGUA.

20 DE JULIO: EL CARDENAL RAÚL SILVA HENRÍQUEZ REMARCÓ LA POSICIÓN DE LA IGLESIA...

EL 26 DE JULIO EL EDECÁN NAVAL DEL PRESIDENTE, CAPITÁN DE NAVÍO ARTURO ARAYA, FUE ASESINADO EN SU DOMICILIO EN PROVIDENCIA.

AL AMPARO DE LA LEY DE CONTROL DE ARMAS, LOS MILITARES COMENZARON VIOLENTOS ALLANAMIENTOS EN FÁBRICAS Y ORGANIZACIONES IZQUIERDISTAS EN BUSCA DE ARMAMENTO.

8 DE AGOSTO: LA ARMADA DETUVO A 23 HOMBRES ACUSADOS DE SUBVERSIÓN EN LAS NAVES BLANCO ENCALADA Y ALMIRANTE LATORRE.

EL 8 DE AGOSTO: RAFAEL CUMSILLE LLAMÓ A PARO.

EL 9 DE AGOSTO, ALLENDE INCORPORÓ AL NUEVO GABINETE (EL SEXTO EN LO QUE LLEVABA DE MANDATO) A LOS JEFES DE LAS FUERZAS ARMADAS Y DE ORDEN.

ESE MISMO DÍA, AUGUSTO PINOCHET EN EL EJÉRCITO; GUSTAVO LEIGH EN LA FUERZA AÉREA Y JOSÉ TORIBIO MERINO EN LA ARMADA, ASUMIERON COMO COMANDANTES SUBROGANTES.

EL 13 DE AGOSTO SE REPORTARON 253 ATENTADOS TERRORISTAS, 5 MUERTOS, MÁS DE 100 HERIDOS Y MILLONES EN PÉRDIDAS.

EL 13 DE AGOSTO ALLENDE CALIFICABA EL PARO DE TRANSPORTISTAS DE "SEDICIOSO, CRIMINAL Y SUBVERSIVO".

SE HIZO COMÚN QUE MUJERES DE DERECHA ARROJARAN TRIGO Y MAÍZ AL PASO DE LOS MILITARES, ACUSÁNDOLOS DE GALLINAS.

21 DE AGOSTO: CERCA DE 300 ESPOSAS DE OFICIALES SE MANIFESTARON FRENTE A LA CASA DEL GENERAL PRATS Y LE ENTREGARON UNA CARTA EN QUE LO LLAMABAN A TOMAR UNA POSICIÓN CONTRARIA A LA UP.

DOS DÍAS MÁS TARDE, PRATS RENUNCIÓ A SUS CARGOS DE MINISTRO DE DEFENSA Y DE COMANDANTE EN JEFE DEL EJÉRCITO.

23 DE AGOSTO: TRAS REUNIÓN ENTRE ALLENDE, PRATS Y PINOCHET, ESTE ÚLTIMO FUE NOMBRADO NUEVO COMANDANTE EN JEFE.

EL 28 DE AGOSTO DE 1973, PATRIA Y LIBERTAD, A TRAVÉS DE ROBERTO THIEME, ENVIABA UN DESAFIANTE MENSAJE: "DERROCAREMOS AL GOBIERNO DE LA UNIDAD POPULAR SEA COMO SEA. SI ES NECESARIO QUE HAYA MILES DE MUERTOS, LOS HABRÁ".

EL 4 DE SEPTIEMBRE LA UP CONMEMORÓ EL TERCER AÑO DE SU GOBIERNO CON UNA MASIVA Y ENTUSIASTA MARCHA.

ALLENDE FUE CLARO EN SU DISCURSO.

"ENEMIGOS TENACES, CONSTANTES, EXISTÍAN ANTES DE LA ELECCIÓN. DESPUÉS DE ÉSTA (...) SE ALZARON CON MÁS VEHEMENCIA, AL VERSE HERIDOS EN SUS INTERESES, AL VER HUNDIRSE EL MUNDO DE SUS PRIVILEGIOS.

TENEMOS QUE ESTAR ALERTAS, MUY ALERTAS, SIN PERDER LA SERENIDAD, CON LA CABEZA FRÍA, Y EL CORAZÓN ARDIENTE. ENFRENTAMOS UNA GRAVE CONSPIRACIÓN."

APROVECHANDO QUE LA MAYORÍA DE LOS OBREROS SE ENCONTRABAN EN LA CEREMONIA DE CONMEMORACIÓN, LA FUERZA AÉREA DE CHILE ALLANÓ LAS EMPRESAS MADECO Y MADEMSA.

BOMBAZOS Y ENFRENTAMIENTOS CONTINUARON A LO LARGO DE TODO EL PAÍS.

CARLOS ALTAMIRANO (PS), ÓSCAR GARRETÓN (MAPU) Y MIGUEL ENRÍQUEZ (MIR) FUERON ACUSADOS DE INDUCIR LA REBELIÓN EN SECTORES DE LA ARMADA.

MIGUEL ENRÍQUEZ FILTRÓ INFORMACIÓN QUE SEÑALABA AL CONTRALMIRANTE JOSÉ TORIBIO MERINO COMO CONSPIRADOR DE LA AMENAZA GOLPISTA.

EL SECTOR CONSERVADOR DEL EJÉRCITO YA NO ESCONDÍA SU DESCONTENTO.

LA HUELGA DE TRANSPORTISTAS CONTINUÓ TRAS CASI SIETE SEMANAS DE PARO DE ACTIVIDADES.

LA OPOSICIÓN MULTIPLICABA DECLARACIONES EN LAS QUE PEDÍA LA DIMISIÓN DE ALLENDE.

ENTRE EL 2 JULIO Y EL 7 DE SEPTIEMBRE LOS MILITARES REALIZARON 27 ALLANAMIENTOS.

EN UNO DE ELLOS, LA FACH ALLANÓ INDUSTRIAS SUMAR CON UN NUTRIDO INTERCAMBIO DE DISPAROS.

9 DE SEPTIEMBRE DE 1973.

DESATENDIENDO LA EXPRESA PETICIÓN DE ALLENDE, CARLOS ALTAMIRANO REALIZÓ UN POLÉMICO DISCURSO EN EL ESTADIO CHILE Y RECONOCIÓ ACERCAMIENTOS CON SUBOFICIALES DE LA ARMADA.

SE ME ACUSA DE HABER ASISTIDO A REUNIONES CON MARINEROS Y SUBOFICIALES...

FUI INVITADO PARA ESCUCHAR LAS DENUNCIAS EN CONTRA DE ACTOS SUBVERSIVOS PERPETRADOS PRESUNTAMENTE POR OFICIALES DE ESA INSTITUCIÓN ARMADA.

EL GOLPE NO SE COMBATE CON DIÁLOGOS. EL GOLPE SE APLASTA CON LA FUERZA DE LOS TRABAJADORES...

LA GUERRA CIVIL EN QUE SE ENCUENTRA EMPEÑADA LA REACCIÓN, ESTIMULADA, APOYADA Y SUSTENTADA POR EL IMPERIALISMO NORTEAMERICANO, SE ATAJA SÓLO CREANDO UN VERDADERO PODER POPULAR.

LA SENSACIÓN AMBIENTAL ERA QUE ALLENDE ESTABA DISPUESTO A DAR CIERTAS CONCESIONES...

PERO JAMÁS A DIMITIR.

Y QUE UN GOLPE DE ESTADO ERA INMINENTE.

11 DE SEPTIEMBRE DE 1973.

SEGURAMENTE, ÉSTA ES LA ÚLTIMA OPORTUNIDAD EN QUE PUEDA DIRIGIRME A USTEDES.

"TODAS LAS PERSONAS QUE ESTÉN OFRECIENDO RESISTENCIA AL NUEVO GOBIERNO...

MIS PALABRAS NO TIENEN AMARGURA SINO DECEPCIÓN.

DEBERÁN ATENERSE A LAS CONSECUENCIAS...

QUE SEAN ELLAS EL CASTIGO MORAL PARA LOS QUE HAN TRAICIONADO EL JURAMENTO QUE HICIERON: SOLDADOS DE CHILE...

¡YO NO VOY A RENUNCIAR!

COLOCADO EN UN TRÁNSITO HISTÓRICO, PAGARÉ CON MI VIDA LA LEALTAD DEL PUEBLO.

TIENEN LA FUERZA, PODRÁN AVASALLARNOS, PERO NO SE DETIENEN LOS PROCESOS SOCIALES NI CON EL CRIMEN NI CON LA FUERZA.

CASO CONTRARIO, LAS FUERZAS ARMADAS ACTUARÁN CON LA MISMA ENERGÍA Y DECISIÓN...

LA HISTORIA ES NUESTRA Y LA HACEN LOS PUEBLOS.

TRABAJADORES DE MI PATRIA: QUIERO AGRADECERLES LA LEALTAD QUE SIEMPRE TUVIERON...

EN UN HOMBRE QUE SÓLO FUE INTÉRPRETE DE GRANDES ANHELOS DE JUSTICIA...

QUE EMPEÑÓ SU PALABRA EN QUE RESPETARÍA LA CONSTITUCIÓN Y LA LEY, Y ASÍ LO HIZO.

CON QUE SE ATACÓ A LA MONEDA CON FUERZAS DE TIERRA Y AIRE." BANDO MILITAR DE LA JUNTA DE GOBIERNO.

115

LAS NOTICIAS QUE HABÍAN LLEGADO ESA MAÑANA A LA MONEDA ERAN CONFUSAS Y FRAGMENTARIAS.

07:50 AM: EL PRESIDENTE DE LA REPÚBLICA INTENTÓ COMUNICARSE INFRUCTUOSAMENTE CON EL COMANDANTE EN JEFE DEL EJÉRCITO.

¡POBRE PINOCHET, DEBE ESTAR PRESO!

PESE A ESTAR CERCADO EN EL PALACIO DE GOBIERNO POR FUERZAS GOLPISTAS, EL MANDATARIO AÚN PENSABA QUE SE TRATABA DE UN MOTÍN ACOTADO.

ALLENDE RECHAZÓ CADA ULTIMÁTUM QUE SE LE OFRECIÓ.

CONFIABA EN QUE LOS GOLPISTAS NO SE ATREVERÍAN A BOMBARDEAR EL PALACIO DE GOBIERNO.

SERÍA UNA MASACRE.

EL PRESIDENTE SE REUNIÓ CON SUS TRES EDECANES.

DÍGANLES A SUS COMANDANTES EN JEFE QUE NO ME IRÉ DE AQUÍ.

SI QUIEREN MI RENUNCIA, QUE TENGAN LA VALENTÍA DE VENIR A PEDÍRMELO PERSONALMENTE.

NO ME VAN A SACAR VIVO DE AQUÍ.

VUELVAN A SUS INSTITUCIONES SEÑORES.

ES UNA ORDEN.

116

13:50 HRS.

ALLENDE ORDENÓ A JUAN SEOANE ORGANIZAR LA RENDICIÓN.

EDUARDO "COCO" PAREDES COMUNICÓ A LOS MILITARES QUE EL PRESIDENTE HABÍA DECIDIDO PEDIR UN VEHÍCULO PARA SALIR.

EL GRUPO SE APRESTABA A ABANDONAR EL PALACIO DE GOBIERNO POR LA PUERTA DE MORANDÉ 80.

ALLENDE SERÍA EL ÚLTIMO EN SALIR.

AL MANDO DEL GENERAL PALACIOS, LAS FUERZAS GOLPISTAS SE APRESTABAN A ENTRAR A LA MONEDA.

CLAK

BLAM BLAM BLAM

CUANDO EL DR. PATRICIO GUIJÓN REGRESÓ PARA RECOGER UNA MÁSCARA DE GAS COMO RECUERDO DE LOS HECHOS VIVIDOS EN LA MONEDA...

SE CONVERTIRÍA EN EL PRIMER TESTIGO DE LA MUERTE DE SALVADOR ALLENDE.

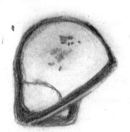

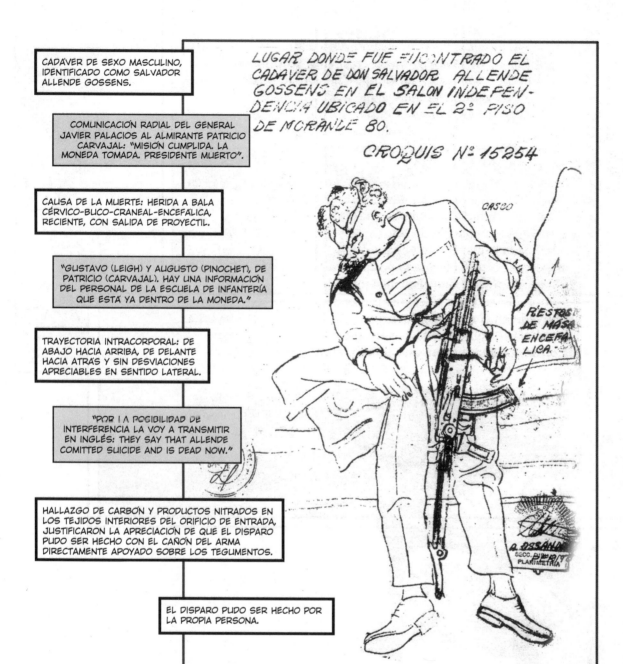

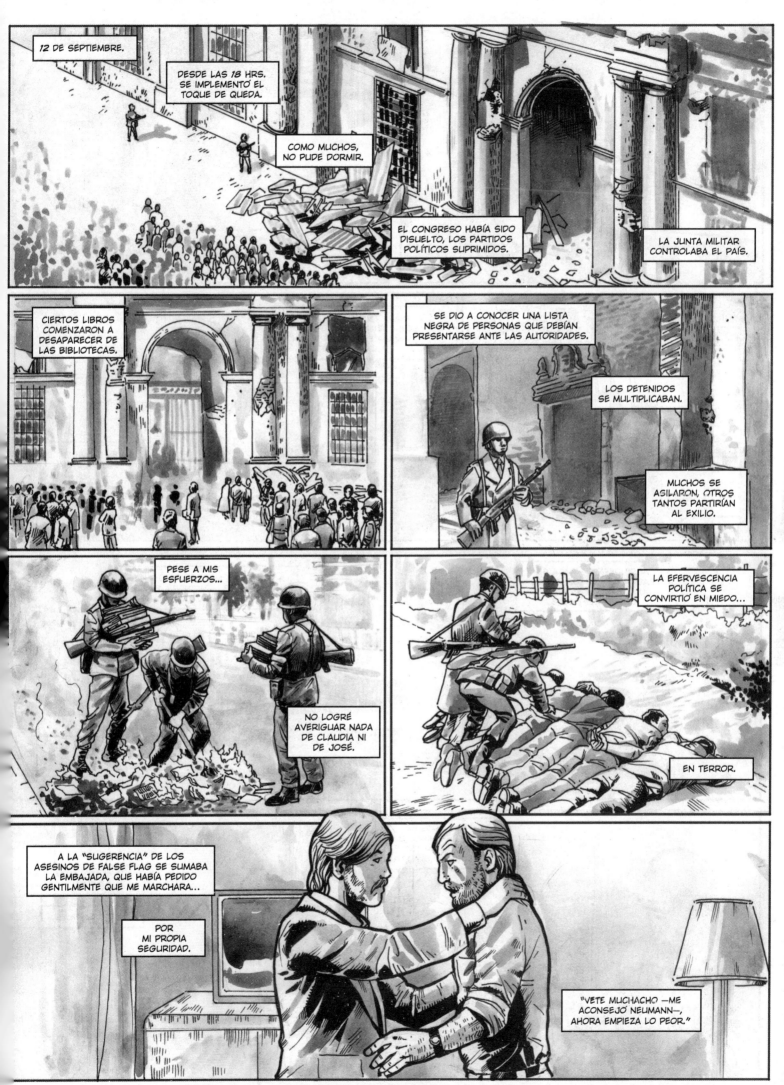

"NADA TIENEN QUE TEMER LOS QUE NADA HAN HECHO", REZABA EL TITULAR DE UN DIARIO CHILENO.

EN LA MISMA PÁGINA DABA CUENTA DE 4 MIL DETENIDOS SÓLO EN LA CIUDAD DE SANTIAGO.

AÑOS DESPUÉS NADA SE SABRÍA DE MUCHOS DE LOS QUE FUERON ARRESTADOS DESDE SUS CASAS.

LA DICTADURA MILITAR DE AUGUSTO PINOCHET SE MANTENDRÍA EN EL PODER POR 17 AÑOS.

VIOLANDO SISTEMÁTICAMENTE LOS DERECHOS HUMANOS DE MILES DE COMPATRIOTAS.

TRAS AÑOS DE INCERTIDUMBRE, AL FIN PUDE CONOCER EL DESTINO DE CLAUDIA.

ÉSA ES UNA DE LAS RAZONES PARA MI REGRESO A CHILE.

41 AÑOS DESPUÉS.

*Los años de Allende* tiene una gran deuda con el trabajo de:
Alejandro "Mono" González, Danilo Bahamondes; con las Brigadas
Ramona Parra (BRP), Lenin Valenzuela y Elmo Catalán (BEC);
con los diseñadores chilenos Antonio y Vicente Larrea, Luis Albornoz,
Mario Navarro, Tomás Pérez Lavín, Jorge Soto Veragua, Waldo
González, Mario Quiroz, Enrique Muñoz, Ricardo Ubilla, Elías Greibe,
Omar Rojas, Pablo Carvajal, Federico Cifuentes, Carlos Acuña,
Héctor Moya, René Quijada, Hernán Torres, Washington Apablaza
y Juan Polanco; con el cine de Raúl Ruiz, Aldo Francia, Helvio Soto,
Patricio Guzmán y Pedro Chaskel; con la música de Isabel y Ángel Parra,
Víctor Jara, Patricio Manns, Rolando Alarcón, Payo Grondona,
Osvaldo "Gitano" Rodríguez, Quilapayún, Inti-Illimani y muchos más;
con los dibujos de Alberto y Jorge Vivanco, Hernán Vidal (Hervi),
Pepe Palomo, Jorge Mateluna y toda la producción de la editorial
Quimantú; con las fotografías de Luis Poirot, Luis Orlando Lagos,
Fernando Velo, Juan Gallardo, Horacio Villalobos, Chas Gerretsen
y muchos otros; y con todos los periodistas e historiadores que atestiguaron
los agitados años de la Unidad Popular de Salvador Allende.

*Los años de Allende. Novela gráfica,* de Carlos Reyes y Rodrigo Elgueta,
se terminó de imprimir y encuadernar en diciembre de 2020
en Impresora y Encuadernadora Progreso, S. A. de C. V. (IEPSA),
calzada San Lorenzo, 244; 09830 Ciudad de México.
La edición consta de 3 000 ejemplares.